Zum Inhalt Paracelsus (1493–1541) gehört zu den wirkungsvollsten Gestalten der Medizin: als Merkstein zwischen Mittelalter und Neuzeit, als Grenzgänger zwischen Magie und Wissenschaft, als Begründer der Chemie (»Iatrochemie«), aus dem Geiste der Alchemie, als Naturarzt und Feind der gelehrigen »Spekulierärzte«.

Die gewaltige bildreiche Ansprache des Paracelsus bewegt den Leser. »Aus der Natur kommt die Krankheit, aus der Natur kommt die Arznei und aus dem Arzt nit.« In diesem Band wird eine Auswahl von frühen Schriften der Heilmittellehre in der neuen Übertragung von Gunhild Pörksen einem breiten Publikum zugänglich gemacht.

Die Herausgeberin Gunhild Pörksen, geb. 1943, Studium der Germanistik, Referendarzeit. Sie lebt in Freiburg/Br. als Hausfrau. Zusammen mit ihrem Mann, Professor Uwe Pörksen, Übersetzung mittelhochdeutscher Gedichte. Publizistisch tätig.

Heinz Schott (Nachwort) ist Professor der Geschichte für Medizin an der Universität Bonn.

Paracelsus

Vom eigenen Vermögen der Natur
Frühe Schriften zur Heilmittellehre

Ausgewählt, eingeleitet und
übertragen von Gunhild Pörksen

Mit einem Nachwort von
Heinz Schott

Fischer
Taschenbuch
Verlag

fischer alternativ
Programmschwerpunkt: perspektiven
Eine Reihe des Fischer Taschenbuch Verlags
Herausgegeben von Rudolf Brun

Originalausgabe
Veröffentlicht im Fischer Taschenbuch Verlag GmbH
Frankfurt am Main, September 1988

Umschlagentwurf: Peter Hajnoczky, Zürich

Gesamtherstellung: Clausen & Bosse, Leck
Printed in Germany
ISBN 3-596-24187-1

Inhalt

Vorwort

»Paracelsus von Schülern, in einer weichen Schale.«
Mit diesem Eintrag eröffnet Goethe im Januar 1770 ein Quartheft, das die ersten Tagebuchüberlieferungen aus seiner Feder enthält. Goethe hat als Zwanzigjähriger Paracelsus gelesen. Das Notat nimmt auf den ersten Entwurf des Buches *Paragranum* Bezug, genauer: auf das Kapitel, das mit *Der erst grund der arznei, welcher ist philosophia* überschrieben ist. In dieser Schrift arbeitet Paracelsus seine Gedanken zur Stellung der Medizin und seine Forderungen an den Arzt zum ersten Mal aus. Die *arznei* – ein Ausdruck, der Medizin und Pharmazie umfaßt – beruhe auf viererlei »Grund«, oder basiere auf vier »Ecksteinen«, auf vier »Säulen«; auf der *philosophia*, auf der *astronomia*, auf der *alchemia* und auf den *virtutes*. Diese vier Säulen entwerfen den wissenschaftlichen, geistigen, praktischen und ethischen Raum, den der Arzt ausmessen soll. Die *arznei* wird hier offenbar als eine Art von Bauwerk gedacht, das von vier Säulen getragen wird, oder das auf vier Ecksteinen ruht. »Der Stein, den die Bauleute verworfen haben, ist zum Eckstein geworden,« heißt es in einem der Psalmen.

Die Namen dieser Säulen gleichen nur vom Lautbild her unseren heutigen Begriffen; Paracelsus handhabt sie aber auch nicht in der gängigen Bedeutung des 16. Jahrhunderts, sondern schmiedet sie sich für seine Zwecke zurecht. Das Paragranum hat die ausführliche Erklärung, die Auslegung der Bedeutung jener Säulen zum Inhalt. Paracelsus fordert das Auflösen und Erweichen der erstarrten Denk- und Sprachmuster: *was ist höhers und löblichers an einem auditore oder discipulo, dan das er in einer weichen schalen lige, die da nicht erherte, bis er seiner disciplin gewachsene flügel erlangt hab und der ruten entrinne?*

Die in der vorliegenden Auswahl behandelten Naturgegenstände (Christrose, Flohknöterich, Salz, Engelsdistel, Koralle, Magnet, Johanniskraut und Honig) sind unter diesem säulengetragenen

Dach beherbergt. Will man versuchen, bei Paracelsus in die Schule zu gehen, so sollte man sie in den Dimensionen dieses Raumes sehen.

philosophia ist das Studium, die Erkenntnis der Natur und aller ihrer Phänomene, ihrer »Dinge«, wie Paracelsus sagt.

In diese Kenntnis ist alles – Pflanzen und Metalle, Mineralien und Erdbeben, Windarten und Früchte ... – einbegriffen. Das Weltenganze, der Makrokosmos, umfaßt eine obere und eine untere Sphäre. Der oberen Sphäre, dem Himmel oder Firmament, gehören die Elemente Luft und Feuer an, der unteren, der Erde, die Elemente Wasser und Erde. Der Himmel ist das Arbeitsfeld des *astronomus*, auf den wir weiter unten zu sprechen kommen, die Erde das des *philosophus*.

Der Arzt kann nur Krankheiten heilen, wenn er Himmel und Erde kennt, lautet eine oft – so oder ähnlich – formulierte These. Weshalb?

Der Mensch ist – nach Paracelsus – das Kind des Makrokosmos, in allem ihm gleich. Ist Mikrokosmos. Das, was am Menschen sterblich ist, ist am 6. Schöpfungstag vom *fabricator* als Quintessenz aus den vier Elementen herausgezogen worden. Daraus ist der sterbliche Leib geschaffen worden als eine Doppelheit: elementisch, irdisch, corporalisch, sichtbar ist der Leib, den man nach dem Tod wieder seinem Ursprung übergibt, indem man ihn in der Erde begräbt; firmamentisch, siderisch, astralisch, ätherisch und nicht sichtbar ist der Leib, der – von seinem Erdenanteil getrennt – nach dem Tod noch eine Zeitlang als Schemen »herumgeistert«, bis er sich in seiner Ursprungssphäre, dem Firmament, auflöst. Der unsterbliche Teil des Menschen, das *bildnus*, fällt dem Tod nicht anheim.

Zurück zum Arzt: wenn man mit Paracelsus den Menschen als Mikrokosmos denkt, dann fangen manche Sätze an, sich zu erschließen: *»dann ursach, nichts ist im leib, das auswendig* (äußerlich) *nicht sein erkanntnus geb«*. Oder: *»das der arzt nichts find im menschen, den was himel und erden auch haben, und das diese zwei nichts anders scheiden voneinander dan die gestalt der form.«*

Medizin ist für ihn also eine vergleichende, Makrokosmos und Mikrokosmos vergleichende Wissenschaft. Diese Konkordanz wahrzunehmen ist für den Arzt insofern entscheidend, weil er nur dann imstande ist, die Krankheit recht zu erkennen, das Heilverfahren, die Rezeptur richtig zu wählen, auch nur dann die richtigen, d. h. sprechenden Termini zur Benennung von Krankheiten finden kann. Diese Übereinstimmung ist nichts Subjektives, nichts *aus der fantasei eigens kopfs*, sondern sie wird erkennbar »im Licht der Natur«. Dieser Begriff vom Licht der Natur, das mehr beleuchtet und erhellt als das Licht der Sonne, erscheint in allen Werken des Paracelsus. Im Licht der Natur wird die rechte *ordnung*, d. h. die der Natur eingeschaffene Ordnung, sichtbar; im Licht der Natur erfährt man die *heimlichkeit* der Dinge, die ihnen eingeprägten Tugenden und Wirkkräfte, ihr inneres Vermögen.

Die zweite Säule der Medizin ist die *astronomia*, also das Wissen von der oberen Sphäre der großen Welt, vom Gang der Sonne, des Mondes und der Planeten. *der mensch ist nach himel und erden gemacht, dan er ist aus ihnen gemacht (...) dieweil nun sein vater himel und erden sind, so muß er all ir art haben und nit eins herlins mangeln. darum aus dem folgt, das der arzt das wissen soll, daß im menschen sind sonn, mon, saturnus, mars, mercurius, venus und all zeichen (...).*

Krankheiten können durch die Gestirne verursacht werden, der Krankheitsverlauf ist von ihnen beeinflußt. Der Himmel, die *astra*, regieren auch die Arznei: es nützt also dem Arzt nichts, nur *philosophus* zu sein. Die Arzneikräfte der Pflanzen sind keine fixen, jederzeit abrufbaren Stoffe, sondern der gestirnte Himmel ist an der vollkommenen Ausgestaltung ihrer Tugend und bei der Darreichung an den Kranken beteiligt. Wie gewaltig dieser Anteil ist, geht daraus hervor, daß eine Arznei in einer Stunde Gift, in einer anderen Stunde Heilmittel sein kann.

Ohne die Konkordanz gibt es kein Gelingen, weder bei Hantierungen und Bereitungen, weder bei der Ernte von Heilpflanzen, noch beim Gebrauch der Arznei; ohne sie gibt es auch kein Wissen von der Krankheit, denn auch die Krankheit entwickelt sich, reift und hat ihre Zeit. Die Gestirne regieren die Zeit: Zeitigung, Reifung ist ein Urprozeß der Natur. Goethe hat im Gedicht das rechte »Naturbetrachten« benannt: »Nichts ist drinnen, nichts ist draußen; denn was innen, das ist außen...«; bei Paracelsus liest man, wie der Arzt den menschlichen Leib betrachten soll: *als dan so ist sichtbar und offenbar, was in im* (dem Menschen) *ist, dan wie es außen ist, also ist es in im auch, und was außen nit ist, das ist in im auch nit, und ein ding ist das äußer und das inner, ein constellation, ein influenz, ein concordanz ..., (...).*

Die Säule *astronomia* jedenfalls macht begreiflich, weshalb Paracelsus, wenn er einen *Herbarius* verfaßt, nicht eine große Anzahl von Pflanzen mit bestimmten arzneilichen Wirkstoffen dingfest macht: ein Kräuterbuch muß zugleich irdisch und firmamentisch sein.

alchemia, die dritte Säule der Arznei, entstammt dem Unterricht der Lehrmeisterin Natur. Die Natur demonstriert in unendlicher Verwandlung, wie ein und dasselbe Ding durch vielerlei Gestalten zu seiner Vollkommenheit gelangt. Paracelsus verlangt ein Wahrnehmen der beweglichen umgestaltenden Natur: *sonst ist es gleich als einem, der im winter einen baum sicht und kennet in aber nit und weißt nit, was in ime ist, so lang bis der somer kompt und eröfnet einander nach, ietzt die sprößlin, ietzt das geblü, ietzt die frucht und was dan in ime ist.*

Sein alchimistisches Ziel ist also nicht, Gold zu machen, sondern die geheimen Tugenden zu erblicken – wie im kahlen Baum Blüte und Frucht, und die soll der Alchimist, analog zum Sommer, durch seine Kunst herausarbeiten. Im Hinblick auf den Menschen bedürfen die Naturdinge der Vervollkommnung, Perfizierung, und somit haben alle Handwerke, die aus dem rohen Stoff Geräte oder Speisen oder etwas dergleichen machen, alchimistischen Charakter. Der Arzt vor allem soll nicht das Unbereitete aus der Natur nehmen, sondern durch seine alchimistische Arbeit die unkörperlichen Wirkkräfte aus dem Stofflichen entbinden, Quintessenz oder Arcanum gewinnen. Diese illustren Arzneien sind *volatil*, an der Grenze der Materialität: je unstofflicher die Arznei, desto stärker können die Gestirne in ihr wirken.

Im Zusammenhang dieses alchimistischen Denkens stehen eine ganze Reihe von Wörtern wie z. B. *extrahieren* – aus/heraus-ziehen, *separieren* – scheiden, *putrifizieren* – fäulen, *perficieren* – vervollkommnen ... usw., die zugleich handwerkliche und geistige Begriffe sind.

Die Schöpfungsgeschichte liest sich mit Paracelsus als die Darstellung göttlicher Scheidekunst: gewaltige Akte des Extrahierens, des Perfizierens zunächst der Elemente, nachfolgend der Einzelwesen der Natur als leiblich-greifbare Erscheinungen.

Die vierte Säule, die den Tempel der Arznei trägt, wird *virtus*, die Tugend, genannt:

Der Arzt soll nicht nur ohne Eigennutz sein, wie die Lilien auf dem Feld und die Vögel unter dem Himmel, sondern auch treu, redlich und wahrhaftig, denn Gott hat *den arzt unter allen künsten und faculteten der menschen am liebsten*. Paracelsus stellt ihn an die Seite der Apostel Christi. Im Glauben soll er stark sein, ohne Schwärmerei. Der Arzt ist das Senfkorn und soll aufwachsen bei Gott. Er soll seinen Nächsten lieben. Der erste Grund der Arznei sei die Liebe, heißt es an anderer Stelle. Er soll unablässig lernen und wachsen. Sein Wissen soll groß sein. Wissen muß er, um nur auszugsweise einige Dinge zu nennen, z. B. *was Melosina, was Sirena sei. was der tod sei, was dem fischer diene; was in den garten gehört; was der zeit gehört; was kriegsleut bedörfen; was jeder stunde sei; was für ein unterschied zwischen frauen und jungfrauen*...

Von welcher Säule auch die Rede ist, Paracelsus sucht den Grund, den Anfang, die Ursache, den Ursprung und spricht an vielen Stellen, in erfinderischen und frappierenden Worten die Überzeugung aus, daß *Gott* der Grund ist: *alle künst auf erden sind götlich, sind aus got und nichts aus anderm grund. dan der heilig geist ist der anzünder des liechts der natur, darumb niemants lestern mag die astronomei, niemants die alchimei, niemants die medicin, niemants die philosophei, (...).*

Die Natur hat Paracelsus, auch nach seiner eigenen Einschätzung, nicht mit Schönheit begabt. Die Zeitgenossen haben ihn u. a. als den »Waldesel von Einsiedeln« oder »Cacophrastus« apostrophiert. Es gibt nur 2 gesicherte Bildnisse von Theophrastus Bombastus von Hohenheim, genannt Paracelsus. Beide stammen sie von dem Stecher Augustin Hirschvogel: 1) ein Brustbild im Profil aus dem Jahr 1538, 2) Paracelsus von vorne seitlich, 1540. Die Gestalt ist hier sichtbar bis unterhalb der Taille, die unverhältnismäßig kleinen Hände halten das berühmte Schwert, die Finger der Rechten umfassen den Knauf, der hohl gewesen sein und ein Wundermittel oder den Stein der Weisen enthalten haben soll. Das Schwert befand sich, als er 1541 starb, *nicht* unter der protokollierten Hinterlassenschaft. Vor allem das Profilbild strömt Kraft aus, geballte und gesammelte Energie. Eine gewaltige Stirn. Ein gewaltiger Kopf.

Ein heutiger Arzt, der über die Todeskrankheit des Paracelsus gearbeitet hat, diagnostiziert sein Äußeres mit Hilfe der beiden Bildnisse so: »... außer der rachitisch-quadratischen Deformierung des mächtigen Schädels, einer eingesunkenen Nasenwurzel und der von ihm selber bereits 1529 erwähnten Kahlheit, noch eine Kyphose (Verkrümmung) der Brustwirbelsäule ...« Sicher ist auch, daß Paracelsus einen Sprachfehler gehabt hat. Beide Bildnisse tragen am oberen Blattrand seinen Wahlspruch: *Alterius non sit qui suus esse potest* (Wer sein eigner Herr sein kann, unterwerfe sich keinem andern). Das klingt nach Selbstgefühl, nach Freiheit.

Welche Wege ist dieser Mann gegangen? Zeitgenosse z. B. Dürers oder Luthers und selbst früh eine Berühmtheit, hat seine Biographie etwas Verschwimmendes, Unsicheres. Luthers Leben ist von Jahr zu Jahr, oft von Monat zu Monat dokumentiert; der Mann, den die Zeitgenossen bisweilen den *Lutherus medicorum* nannten, hat ein gewaltiges Werk, dagegen wenige und lückenhafte Nachrichten zur Person hinterlassen. Und Legenden.

Wahrscheinlich ist er im Spätjahr 1493 in Einsiedeln/Schweiz geboren als ehelicher Sohn eines aus Schwaben stammenden Arztes – Wilhelm Bombast von Hohenheim – und einer *ehrlichen person*, die in einem Dienstleistungsverhältnis zum Kloster Einsiedeln stand. Das Kind erhält die Namen Theophrastus (= der göttlich Beredte, wahrscheinlich nach einem Aristotelesschüler, Theophrastus von Eresos, der der 1. Botaniker war), Philippus Aureolus. Die Mutter ist mutmaßlich früh gestorben.

1502 zieht Wilhelm von Hohenheim mit seinem Sohn nach Villach/Kärnten, bekleidet die Stelle des Stadtarztes und lebt dort 32 Jahre bis zu seinem Tod. *Mein lieber vatter,* sagt Paracelsus, und als er seine Lehrer aufzählt, nennt er *erstlich Wilhelmus von Hohenheim, meinen vatter, der mich nie verlassen hat.*

Man nimmt an, daß Paracelsus im Lavanttal in der dem Benediktinerkloster St. Paul angeschlossenen Klosterschule unterrichtet worden ist. Die Namen seiner Lehrer, die er nach Wilhelm von Hohenheim nennt, verweisen überwiegend auf Geistliche im Lavanttal. *von kintheit an,* berichtet er, habe er bei Männern, die in der *adepta philosophia* und in der *alchemia* die kenntnisreichsten gewesen seien, gelernt... In der Umgebung Villachs gibt es eine Reihe von Bergwerken; man vermutet, daß Paracelsus bereits früh Kenntnisse vom Abbau und von der Verhüttung von Metallen erworben hat.

Mit vierzehn, oder wahrscheinlicher, mit sechzehn Jahren verläßt Paracelsus die Vaterstadt Villach und wird von nun an das Leben eines Nichtseßhaften führen. Daß man während der Studienzeit als fahrender Scholar an verschiedene Hochschulen Europas zieht, ist nicht ungewöhnlich für frühere Jahrhunderte. Aber Paracelsus sprengt diesen Rahmen. Beurkundet ist für die Zeit bis 1524 nichts: es hat begonnen, was man in der Literatur als seine »Große Wanderung« bezeichnet:

Hab also die hohen schulen erfaren lange jar bei den Teutschen, bei den Italischen, bei den Frankreichischen und den grunt der arznei gesucht. mich nit allein der selbigen leren und gschriften, büchern ergeben wöllen, sondern weiter gewandert gen Granaten (Granada), *gen Lizabon, durch Hispanien, durch Engeland, durch den Mark, durch Prüchsen* (Preußen), *durch Litau, durch Poland, Ungarn, Walachi, Sibenbürgen, Crabaten* (Kroatien), *Windisch mark, auch sonst andere lender nit not zu erzölen, und in allen den enden und orten fleißig und empsig nachgefragt, erforschung gehapt, gewisser und erfarner warhaften künsten der arznei. nicht allein bei den doctoren, sondern auch bei den scherern, badern, gelerten erzten, weibern, schwarzkünstlern, so sich des pflegen, bei den alchimisten, bei den klöstern, bei edlen und unedlen, bei den gescheiden und einfeltigen*, heißt es in der »Großen Wundarznei«.

Aller Wahrscheinlichkeit nach wurde er 1516 *bei den Italischen* an der Universität von Ferrara promoviert. *Beider arzneyen doctor* unterschreibt er später eine Eingabe an den Rat der Stadt Basel, was bedeutet, daß er den Doktortitel für die sog. Leibarznei (innere Medizin) und für die Wundarznei (Chirurgie) erworben hat. Man hat versucht, die Wanderwege des Paracelsus zu rekonstruieren: er war wohl Feldarzt im Venedischen Krieg 1516, 1519 im Niederländischen, 1520 im Dänischen Krieg. Er hat Europa ganz durchwandert und durchzogen, kennt sowohl Sizilien wie Finnland, Moskau wie Lissabon, Jerusalem wie Schottland... Wahrscheinlich! Ungeheure Wegstrecken, Entfernungen. Das Wort *erfarenheit* in seinen Büchern hat einen höchst konkreten Sinn: *also acht ich, das ich bisher mein wandern bilich verbracht hab, mir ein lob und kein schant zu sein. dan das wil ich bezeugen mit der natur: der sie durchforschen wil, der muß mit den füßen ire bücher treten. die geschrift wird erforschet durch ire buchstaben, die natur aber durch lant zu lant: als oft ein lant als oft ein blat. also ist der codex naturae, also muß man ir bletter umkeren.* Diese Sätze beschließen eine Verteidigung *von wegen meines lantfarens und von wegen des, das ich so gar nindert bleiblich bin.* Die Mitwelt hat offenbar scheel zugesehen, wie er das Buch der Natur mit den Füßen umgeblättert hat.

1524 läßt er sich in Salzburg als Arzt nieder, arbeitet seine ersten Abhandlungen aus, ist in die Bauernunruhen verwickelt, und muß 1525 Salzburg fluchtartig wieder verlassen unter Zurücklassung seiner Habe. Diese ist in den Akten aufgezeichnet worden. Ende 1526 erwirbt er das Bürgerrecht in Straßburg, folgt aber nach einem Vierteljahr dem Ruf nach Basel: aufgrund seiner aufsehenerregenden Heilung des Druckers und Erasmus-Freundes Frobenius erhält Paracelsus die Stelle eines Stadtarztes mit Lehrverpflichtungen an der Universität.

Elf Monate hat Paracelsus in Basel zugebracht; er hält Vorlesungen, eine davon in deutscher Sprache. Wenn man sich vor Augen führt, daß Latein die Sprache der Wissenschaft und der Universitäten war bis Thomasius (1689), kann man ermessen, welch umstürzlerischen Akt eine landessprachliche Vorlesung bedeutet hat. Er gehört auch als Sprachschöpfer an die Seite Luthers. Das Deutsche verdankt ihm viele Neuprägungen und Entlehnungen. Paracelsus stellt ein Programm auf, die sog. *Intimatio*, mit seinen Forderungen an die Medizin und an die ärztliche Ausbildung. Er setzt ein öffentliches Fanal, indem er ein medizinisches Lehrbuch ins Johannisfeuer wirft – *auf das alles unglück mit dem rauch in die luft gang* – um derart den Widersinn der scholastischen Buchstabengelehrsamkeit in der Medizin zu brandmarken. Er preist die »Erfahrung«. Die Universität wehrt sich nach Kräften und mit bösen Mitteln. Als Stadtphysikus wird er auf die Mißstände in den Apotheken aufmerksam: auf verdorbene Stoffe, dilettantische Zubereitungen, überhöhte Preise, grobe Fahrlässigkeit, auf Mittel, die bis zu 70 Ingredienzien enthalten ... Er fordert in einer Eingabe an den Rat der Stadt gründlichste Erneuerung, Regelung, Kontrolle. »So vernünftig und sachlich das alles klingt, wenn wir es heute unvoreingenommen zur Kenntnis nehmen«, urteilt R. H. Blaser in seinem Aufsatz »Paracelsus und die Basler Apotheker«, fest steht, daß sie »nichts unversucht ließen, um den unbequemen Neuerer loszuwerden! Sie beteiligten sich an der geheimen Hetze, die von den aus ähnlichen

Gründen aufgebrachten Ärzten gegen den gefährlichen Reformator der Medizin angezettelt wurde, schreckten selbst nicht vor dem verwerflichen Mittel des Rufmordes zurück. Dabei spricht doch aus der offen und freimütig vorgebrachten Beschwerde des Stadtarztes deutlich seine ehrliche Sorge für die Kranken, und seine Kritik der Mißstände zeugt im Grunde nur von seiner hohen Auffassung des ärztlichen Berufs.«

Breitet man die Landkarte seines Lebens vor sich aus, so findet man ihn in den Jahren nach Basel (1528 ff.) am Oberrhein, in Schwaben, Nürnberg, in Beratzhausen, Regensburg, in Bayern, St. Gallen, im Appenzeller Land, in Bad Pfäffers, im Allgäu, in Ulm, München, Eferding (Österr.), in Mährisch Kronau, in Preßburg, Wien, Villach, in Salzburg, wo er den Tod fühlt und sein Testament macht, in dem er die Armen Salzburgs bedenkt. Er stirbt – das ist gesichert – am 24. September 1541. Die Legende sagt, er sei umgebracht worden. Eine Quelle aus dem 17. Jahrhundert berichtet, man habe ihn aus dem Fenster geworfen. Der Totenschädel zeigt eine breite Fissur, die im 19. Jahrhundert als eine dem Lebenden zugefügte, tödliche Verletzung, ab 1891 als von der Spitzhacke des Totengräbers nachtodlich verursacht interpretiert wurde.

Das Verfolgen dieser Wanderzeit hat einen anderen Sinn, als zu zeigen, daß Paracelsus Land und Leute gesehen hat und außerordentlich gut zu Fuß gewesen sein muß; die Namen der aufgeführten Orte verknüpfen sich mit seinen Schriften: hier hat er eine Abhandlung begonnen, dort vollendet, zum Druck gegeben, keine Druckerlaubnis erhalten: Ich nenne einige berühmte Titel:

Vom Holz Guajaco gründlicher Heilung
Von der französischen Krankheit
Von Ursprung und Herkommen der Franzosen
Von der Pestilenz – Büchlein von der Pest an die Stadt Sterzingen
Von des Bades Pfäfers Tugenden, Kräften und Wirkung
Die Bücher von den unsichtbaren Krankheiten
Die große Wundarznei
Das Buch von den Tartarischen Krankheiten
Paragranum
Paramirum
Astronomia magna.

Die Bibliographie zu Paracelsus verzeichnet eine unabsehbare

Folge von Titeln, die sich mit seinen Arbeiten und Gedanken über Botanik, Astronomie, Astrologie, Theologie, Philosophie, Naturphilosophie, Pharmazie, Chemie, Alchimie, Psychiatrie, Magie... beschäftigen: ein Riesenwerk, verfaßt auf den Landstraßen Europas. Und er hat ja nicht nur geschrieben, sondern viele Kranke kuriert, die Präparate in – für heutige Begriffe – langen und langwierigen Prozeduren selbst hergestellt, mit unerforschten Stoffen experimentiert, Thermalquellen in ihrer Heilwirkung untersucht, gepredigt u. v. m. Mit dem Wort »Fleiß« reicht man bei weitem nicht heran.

Sollte Paracelsus, wie ihm sein ehemaliger Famulus Oporinus 14 Jahre nach seinem Tod öffentlich nachsagt, trunksüchtig gewesen sein und seine Werke im Vollrausch diktiert haben – druckreif! – so würde dieser Zug das Staunen über eine dem normalen Lebensmaß so weit entrückte Leistung nur noch vergrößern. Oporinus hat, das ist von S. Domandl nachgewiesen worden, Zweckbehauptungen aufgestellt. Aber wäre nicht Paracelsus selbst glaubwürdiger: *dieweil nun das got geordnet hat, so will er das der mensch nicht feire, nicht müßig gang, nicht stilstand, nicht saufe, nicht hure und dergleichen, sonder er will, das er in teglicher übung sei zu erforschen die heimlikeit der natur in allen den gaben, so got in die natur geschaffen hat.*

Anmerkungen zur Auswahl

Die Sämtlichen Werke des Paracelsus sind erst im 20. Jahrhundert ediert worden, bzw. werden noch ediert. Die erste Abteilung – »Medizinische, Naturwissenschaftliche und Philosophische Schriften« – herausgegeben von Karl Sudhoff in den Jahren 1922–33 umfaßt 14 Bände, je ca. 500–600 Seiten stark, die zweite Abteilung – »Theologische und religionsphilosophische Schriften« – herausgegeben von Kurt Goldammer, erscheint seit 1955 und ist auf einen ähnlichen Umfang angelegt.

Die Texte der vorliegenden kleinen Auswahl entstammen dem Band 2 der 1. Abteilung, der »Frühe Schriften zur Heilmittellehre«, »Geschrieben 1525 und 26 im südwestlichen Deutschland« enthält.

Alle drei Texte sind erst 1570, bzw. 1568 – also nach dem Tod – erschienen.

Der *Herbarius* beginnt mit einer Vorrede, in der der Autor sein Vorhaben erläutert und die ärztliche und pharmazeutische Praxis seiner Zeit scharf verurteilt. Paracelsus ist der Überzeugung, daß jedem Land die Krankheit und die Arznei selbst wachse und will ausdrücklich »dem gemeinen Mann« die einheimischen Pflanzen vorstellen. Es wäre ganz ahistorisch, wollte man die Sätze zum Ruhm der *deutschen* Heilmittel mit einem nationalistischen Beigeschmack lesen. Das deutsche Reich ist das Römische Reich Deutscher Nation, das viele Nationalitäten vereint. Paracelsus strebt in der Fachwissenschaft die Landessprache an, in der Pharmazie die Verwendung der jeder Region zugehörigen Dinge.

Die Schrift trägt fragmentarischen Charakter, d. h. sie ist gegebenenfalls auf Fortsetzung angelegt. So findet sich nach der Vorrede als erstes die Überschrift *de elleboro albo* (Von der weißen Nieswurz), wozu aber im *Herbarius* nie, wohl aber in der Schrift *Von den natürlichen Dingen* etwas aufgeführt worden ist. Der *Herbarius* behandelt nur 3 Kräuter: 1) *Helleborus niger*, Schwarze Nieswurz, oder gebräuchlicher: Christrose, 2) *Persicaria*, die Sudhoff in seinen Anmerkungen als Pulicaria vulgaris bezeichnet; es handelt sich aber höchstwahrscheinlich um Polygonum persicaria, Flohknöterich, 3) *Englische Distel*, Carlina acaulis, Stengellose Eberwurz, auch Wetterdistel oder Silberdistel genannt. Dazu gesellen sich 3 andere Dinge, nämlich Koralle, Salz und Magnet.

Als Ergänzung ziehe ich aus der zeitlich und gattungsmäßig eng benachbarten Schrift *Von den natürlichen Dingen* ein Kapitel hinzu über das St. Johanniskraut = Hypericum perforatum, Echtes Johanniskraut. Abgesehen von der Distel gelten übrigens alle Pflanzen heute noch als Heilpflanzen.

Der 3. Text ist eine kleine fragmentgebliebene Schrift *Vom Honig*, bestehend aus 4 kurzen Kapitelchen, durch die man einigen Einblick darin bekommt, wie Paracelsus die Alchimie verstanden hat; das hat nichts mit Goldmacherei und Scharlatanerie zu tun. Man blickt in das Wirkprinzip einer Natur, die in jedem *ding* uranfängliches Werden alles Stofflichen, die gegenwärtige Erscheinung und die Tendenz zur zukünftigen, göttlich zielgerichteten Vollendung zugleich erkennen läßt.

Zunächst handelt es sich also, sowohl für den »gemeinen Mann« des 16. wie auch für den des 20. Jahrhunderts, um nichts Exotisches oder Geheimnisvolles, sondern um bekannte, zugängliche Dinge und Pflanzen. In lockerer Reihung, immer wieder mit neuen Einfällen und Zusätzen – *additiones* – werden Anweisungen gegeben, wie man gegen die vier Hauptkrankheiten – Fallsucht, Gicht, Schlaganfall und Wassersucht – vorgehen kann und wie mit Hilfe relativ einfacher Prozeduren (allerdings nicht für heutige Begriffe) Heilmittel hergestellt werden können, oder wie ein einfaches Heilmittel durch Zusätze oder Beimischungen – *compositum* – erhöhte Wirkkraft erhält. Die Steigerung, die sogenannte Gradierung der des Naturdingen innewohnenden Vermögens, wird in immer neuen Beispielen dargestellt – oder auch *verschwiegen*: man achte z. B. auf die Stellen, wo von der Perle die Rede ist.

Heute definiert man eine Heilpflanze dadurch, daß sie pharmakologisch isolierbare Wirkstoffe enthält. Bei Paracelsus gibt es ganz andere Kategorien, um zu zeigen, wie sich die Natur zum Menschen verhält und wie sie zu ihm spricht, beispielsweise durch die Signatur (vgl. St. Johanniskraut), oder durch am Tage liegende Kräfte (vgl. z. B. Magnet).

Ein guter Teil der Paracelsischen Schriften ist nach Diktat niedergeschrieben. Auch im *Herbarius* gibt es viele Stellen, wo man eine Stimme hört: *wan es nur den namen hat, das ist das, so sind sie zufriden;* (...). Das ist keine »geschriebene« Sprache. Der Autor tritt oft mit dem Leser bzw. Hörer in Verbindung, weist darauf hin, was er ihm schon mitgeteilt hat, resümiert, bringt Neues ins Spiel, erklärt. Er stellt sich mögliche Einwände seines Lesers vor und belehrt ihn entsprechend – wie z. B. beim Vergraben der Persicaria.

Ich habe die ungekürzten Texte in ein heutiges Deutsch übertragen, ohne mir Freiheiten zu gestatten. Wo möglich, habe ich versucht, die abwechslungsreiche, oftmals »mündliche« Syntax des 16. Jahrhunderts zu erhalten. Lateinische Termini sind i. a. belassen und mit einer in Klammer stehenden Übersetzung oder Erläuterung versehen. Für das Verständnis einiger Paracelsischer Begriffe, die ich – wie z. B. *philosophus* – nicht übersetzt habe, weil das kaum annäherungsweise oder überhaupt nicht möglich gewesen wäre –, verweise ich auf das Nachwort.

Einige Namen konnte ich leider nicht auflösen. – Einige wenige

Male bin ich beim Übersetzen auf Sudhoff'sche Textvarianten ausgewichen, da sie mir plausibler erschienen sind.

Paracelsus lesen ist wie eine Reise in ein fremdes Land: alles – so scheint es – ist anders, als man es kennt. Der Prolog und das Kapitel über die Schwarze Nieswurz sind spröde und bieten vielleicht zunächst Widerstand. Aber man liest sich ein. Notwendig ist allerdings die »weiche Schale«.

Herbarius des Theophrastus

Von den Kräutern, Wurzeln, Samen etc.
Deutschlands, des Vaterlandes und Reiches

Prolog

Weil ich sehe, daß die Arzneien im deutschen Reich unter großen Kosten, Mühe und Arbeit und mit viel Aufwand aus fernen Ländern eingeführt werden, hat mich dies bewogen, den Nachweis anzutreten, ob nicht Deutschland selbst dergleichen zur Verfügung hätte, und auch ohne die fremden *transmarinen* (Arzneimittel aus Übersee) bestehen könnte in seinem eigenen Gebiet und Reich. Dabei hat sich klar und deutlich erwiesen, daß alle Dinge im Überfluß zu haben sind auf dem eigenen Boden, in Tälern und in Höfen, für eine jede Krankheit, wie sie auch Widerstand leiste oder entstanden sei, sie sei, wie sie wolle; und außerdem weitaus mehr Arznei und bessere als *Arabia, Chaldäa, Persia* und *Gräcia* zu bieten haben, so daß es angemessener wäre, sie bezögen ihre Arznei von uns Deutschen als wir von ihnen: zudem ist sie so gut, daß *Italia, Gallia* etc. dabei nicht mithalten können. Daß aber diese Epoche noch nicht angebrochen ist oder zu erwarten steht, das hat Italia getan, die ist eine Mutter der Unwissenheit und Unerfahrenheit. Sie haben die Deutschen dahin gebracht, daß sie auf ihr eigenes Gewächs nichts gehalten haben, sondern alles aus Italien kommen lassen oder von Übersee. Der Grund ist aber der, daß ihnen der Vorteil aufgegangen ist, und *dem* sind sie nachgelaufen und nicht brüderlicher Liebe, die in ihnen auch ganz erkaltet ist, oder jedenfalls beinahe. Nun kommt dazu, daß die deutschen Doktoren welsch sind und nach welscher Manier behandeln und aus uns Deutschen Welsche machen, die wir doch Deutsche sind und mit den Welschen gar kein *commercium* – das ist keine Gemeinschaft – haben. Aber deshalb, weil die Bücher aus *Gräcia, Arabia* etc. kommen, weil sie an diesen Orten verfaßt sind, nehmen sie von dort ihre Weisheit und wollen auch die Arznei von dort haben. Also kommen Bücher und Arznei aus *einem* Nest, und sind beide weder deutsch, noch besser für die Deutschen als das, was deutsch ist. Einem jeden Land wächst seine Krankheit selbst, seine Arznei selbst, sein Arzt selbst. Obgleich diese welsche Verführung ausgerissen werden sollte wie ein Baum, der gar keine Frucht gibt, so muß ich doch darüber lachen, daß die Deutschen arabisch sind, griechisch, chaldäisch etc. und kennen das Deutsche nicht, wollen auf welsche Manier arzneien und wissen auf deutsch nichts, suchen die Arznei jenseits des Meeres und etwas Besseres wächst im Garten vor ihrem Haus. Also seht, ihr Leser, wie betrüblich das ist, wenn einer übersichtig ist: er sieht übers Meer und sieht nichts vor sich auf der Erde, sieht beim andern die Splitter im Auge, bei sich selbst nicht den Balken; sie verschlucken das Kamel und lassen die Flöhe entwischen, sie putzen die Flöhe auf, und das Kamel, das notwendig wäre, vernichten sie. Durch die Verführung werden alle Dinge zu einer Gewohnheit verfestigt, die man solchen übersichtigen Fantasten kaum mehr austreiben kann.

So hätte ich allerdings gemeint, es hätten die deutschen Ärzte bedacht – um so mehr, als sie allgemein anerkannt und hoch erfahren sein wollen – daß der Arzt ein *perambulanus* (Wanderer, Landfahrer) sein muß, damit er vieles erfahre, wisse und verstehe. Wenn er ein solcher wäre, so würde er das, was ich jetzt vermelde, genau wissen: den Betrug der Kaufleute, Krämer, Verkäufer etc. nämlich! Daß sie die Dinge übers Meer bringen und nichts ist unverfälscht! Und das gleiche bei denen, die es erhalten und wiederverkaufen: da wird der alte Betrug erneuert je nach Beschaffenheit des verdorbenen Stoffes! Und weiter derjenige, der das Zeug ins deutsche Reich einführt, daß der wieder seinen Vorteil sucht und *hat* bei dem, der es ihm abkauft: und daß auch der wiederum diese wertlose Ware verderben und schlecht werden läßt, bis er sie den Kranken zustellt. Nun ermesst, ihr Leser alle, welch großer Jammer das ist für den Kranken, der in Todesnöten liegt, daß er den ganzen Dreck von solchen Kaufleuten fressen und dabei gesund werden soll! Aber seht alle noch weiter: was soll das für eine Ordnung in der Medizin sein, wenn die deutschen Ärzte so gänzlich blind sind und den Kranken und dessen Gesundheit für gar nichts achten und ihn überhaupt nicht lieben? Man käme ins Schnaufen, wenn das Zeug gut wäre. Ich schweig davon, daß es falsch ist, und durchs Liegen verdorben und daß es nichts taugt. Aber sie versteifen sich nur auf den Namen. Wenn es nur den Namen hat – das ist das! – so sind sie zufrieden; es komme sonst, was wolle, jedenfalls haben *sie* allemal recht gehandelt und nichts verdorben und bestehen sehr gut dabei nach ihrem

Gutdünken, wenn es auch alles nichts ist als Betrug und Übersichtigkeit aus großem Unverstand heraus.

Aber von diesem abgesehen – die deutschen Ärzte mögen sein, wie sie wollen, welsch oder hebräisch, indisch oder arabisch, so gehe *ich* folgendermaßen vor: ich will hier, mit diesem Buch, einen *Herbarius* (Kräuterbuch) vorlegen, von Kräutern und Wurzeln, Samen und Blättern, soviel ich bis heute erfahren habe und weiß – einerseits durch die *erfarenheit* (Erfahrung), durch meinen Gebrauch, andererseits durch die *natürlich theorik* (Betrachtung der ganzen Natur): daß also eine Konkordanz geschehe, Gleiches zu Seinesgleichen. Ich schreibe ohne Rücksicht auf die Darstellungen der arabischen, griechischen, hebräischen etc. Schriftsteller, nur über Einheimisches. Und ich bin der Hoffnung, es werden die arabischen, chaldäischen, hebräischen, griechischen Schriftsteller nichts hinzufügen können, d. h. nicht mit ihren Büchern mein Buch verbessern, noch mit ihrer Arznei diese meine Arznei. Ich bin deutsch, sie sind arabisch, chaldäisch, hebräisch, griechisch etc.; laß es aber zum Werk kommen, dann wird bewiesen, was zu beweisen nötig ist.

Allerdings sind auch etliche Deutsche aufgestanden und haben es unternommen, die Kräuter zu beschreiben etc. und haben ein Werk verfaßt; deren Arbeit ist wie ein Bettlermantel, hin und her zusammengeflickt und von allem zusammengeklaubt, und *in summa* taugt alles nichts; fällt auseinander wie ein Bettlermantel, der sein eigenes Gewicht nicht mehr aushält. Und das heißt, wenn man seiner am meisten bedarf, dann ist nichts da. Diese Irrläufer und Verführer, diese falschen Verkünder und Lehrer der Arzneikunst sollen mich nicht kümmern, sie sind niemandem mehr vonnutzen als den Buchdruckern; die werden reich dabei und stoßen sich gesund, dem Käufer kommt das wenigste, was darin steht, zugute, manchem vielleicht gar nichts.

So habe ich mir vorgenommen, für die Kräuter etc. eine vollständig ausgeführte Rezeptur auszuarbeiten, so daß darin eine vollkommene Hilfe für die Kranken gefunden werde, die hier und jetzt krank sind. Ich sehe wohl, daß die *simplicia* (einfachen Arzneimittel) in ihren Eigenschaften allein nicht genügen werden, wohl aber, wenn sie zu *arcana* (zu hoher Wirksamkeit gebrachte Heilmittel) gemacht sind. Deshalb folgt ein zweifaches Vorgehen: das eine erfaßt die Eigenschaften, das andere die *arcana*, also was in seiner spezifischen Form schon Essenz ist und was man nach den Regeln der Kunst daraus machen kann, will ich jeweils ausführlich darstellen, auf Deutsch, nicht auf Welsch. So will ich auch die Laxiermittel und die betäubenden Mittel zusammenstellen, jeweils in einer besonderen Abhandlung und außerdem zu jedem das entsprechende eigene Rezept und die vollständige Kur, wie ich angekündigt habe etc. Wie die Kräuter aussehen, das anbefehle ich einem guten Kommentator; ich nehme für mein Vorhaben nur den Namen und die Tugenden. Auf diese Art will ich, lieber Leser, vorgehen – sieh zu, wie es dir jetzt bei der ersten Arbeit gefällt. Kommt mir mehr, sollst du auch mehr bekommen. *Vale.*

Von den Blättern der schwarzen Nieswurz (Christrose)

Wenn die Blätter der schwarzen Nieswurz im Schatten durch den Ostwind getrocknet werden, wenn sie danach zu Pulver gestoßen und mit soviel reinem feinem Zucker vermischt werden, wie die Blätter schwer sind, dann ist das die Zubereitung, wie sie schon von den ersten *philosophi* unter den Ärzten gebraucht worden ist. Also merkt euch den Prozeß, wie er eben beschrieben worden ist. Diese frühen, allerersten *philosophi* haben sich großer Gesundheit erfreut und haben ein langes Leben in fröhlicher Gesundheit erreicht. Um zu diesem Ziel zu kommen, haben sie die Arznei aus der schwarzen Nieswurz gebraucht, dazu aber ein ordentliches und maßvolles Regiment geführt, wie es einem jeden ansteht, der zu seinem vorherbestimmten Ende kommen will. Sie haben nämlich nach dem 60. Lebensjahr angefangen, dieses Kraut zu gebrauchen (d. h. so wie wir die Jahre heute rechnen, mit 365 Tagen etc.), und haben es gebraucht bis zum Ende ihres Lebens. Die Folge war, daß sie ohne Krankheit durchgekommen sind und mit gesundem Leib ihr Ende erreicht haben. In ihnen ist weder Geschwür noch Abszeß gefunden worden, nicht an Lunge, Leber, Milz oder sonstwo, auch kein Fluß, der zu Entzündungen und offenen Schäden geführt hätte, wie *wolf* (krebsiges Geschwür), *krebs* (fressendes Geschwür), *ölschenkel* (wässrige Geschwulst) und dgl. Auch im Leib ist kein Fluß entstanden, der zum plötzlichen Tod hätte führen können oder zum Schlag, zur Gicht in Füßen und Händen oder zu andern ähnlichen Leiden in Hüften oder in Gelenken, wie sie sich – kalt oder warm – so häufig bei Alten herausstellen. Sie haben auch kein Fieber gehabt, weder die ständigen, noch die Drei-Tage- oder Vier-Tage-Fieber. Auch ist kein Fäulnisherd in ihnen gewachsen, wodurch dann der Atem gestunken hätte, oder wo Würmer gewachsen wären.

Und wenn ich das alles erzählen sollte, so könnte ich auf vielen Blättern Papiers nicht seine Tugend beschreiben. Nun aber sind im Lauf der Zeit die Humoralärzte aufgestanden, die die natürlichen

Geheimnisse nicht achten, sondern nur ihre eigene unbegründete, nicht auf der Erkenntnis der natürlichen wahren Eigenschaften fußende Theorie. Die haben das Purgieren, Klistieren, Syrupsieren etc. ausgedacht und haben sich anheischig gemacht, an *einem* Tag so viel zu tun wie diese Blätter in 20 oder 30 Jahren. Dadurch nun ist dieses Kraut in Mißachtung gekommen und ist aus dem Sinn geschlagen, und alle Gedanken haben sich auf das Klistieren, Purgieren etc. gerichtet. Aber ich bin selbst Zeuge gewesen, wie dieses Kraut von vielen Personen angewendet worden ist, die ganz voller Flüsse, Rotz, voller Aufschwemmungen und Aufgedunsenheit gewesen sind, die das Kraut gebraucht haben gemäß der alten *ordnung*, und die sich in ihrer ganzen Natur dermaßen erneuert haben und in eine solche Gesundheit gekommen sind, daß das den Humoralärzten unmöglich gewesen wäre und unvorstellbar! Denn sie beweisen nichts mit den Werken, sondern nur mit der Zunge.

Und man hat also jeden Morgen täglich bis zum 70. Lebensjahr ½ *quintlein* (1 q = 4,3 g) eingenommen, danach vom 70. bis zum 80. Jahr jeden 2. Tag ½ *quintlein*, vom 80. bis zum Ende jeden 6. Tag ein ganzes *quintlein*. Es sollen sich die oben erwähnten Ärzte nicht wundern, daß die Natur *mehr* ist als ihre Kunst. Was ist den natürlichen Kräften gleich? Wer die nicht kennt, versteht sich auf keine Kunst. Mehr Tugend und Kraft ist in diesem Kraut, als alle Schriftsteller, die auf den Hohen Schulen gelesen werden, *jemals* in Bezug auf das lange Leben geschrieben haben. Darum hab ich keine Lust gehabt, den Alten diesen Passus zum langen Leben vorzuenthalten.

Von der schwarzen Nieswurz

Von der Wurzel des schwarzen *helleborus* sollt ihr wissen, daß sie Macht hat, 4 Krankheiten zu vertreiben, nämlich die Fallsucht, das Podagra, den Schlag und die Wassersucht. Merkt euch das gut, denn sehr schwer sind diese Krankheiten, vortrefflich ist aber auch die Tugend der Wurzel. Erstens sollt ihr wissen und verstehn, daß die Fallsucht, wenn sie von den Gliedern ins Haupt steigt, durch die Wurzel genommen werden kann je nach dem Grad, den sie beide, Wurzel und Krankheit, gegeneinander haben. Ebenso wird die Gicht genommen, in welchen Gliedern sie auch sei, oben oder unten am Leib; obgleich auch das eine schwere Krankheit ist, so ist die Wurzel gleich stark in ihren Kräften. Desgleichen für den Schlag, d. h. wenn einen der Schlag getroffen hat und man an der Seite lahm ist, so schafft die Wurzel diejenige *materia*, die lahm gemacht hat, hinweg, und bringt dadurch wieder Leben in das lahme Glied. Gleicherweise bei der Wassersucht, da leert sie den Brunnen und die Bäche aus, die in einem fließen und die Wassersucht bewirken; also das, was dort entsteht, wird hinweggeschafft.

Diese 4 Tugenden hat diese Wurzel in sich; darum ist es nötig, sie in Bezug auf die 4 Krankheiten genauer zu erklären, als ich es bis jetzt getan habe.

Erklärung der Wurzel, wie sie bei jeder dieser Krankheiten gegeben werden soll

Zur Fallsucht

Diese Wurzel soll bei abnehmendem Mond, im Zeichen der Waage, das für diese Krankheit am zuträglichsten ist, ausgegraben werden; sie soll im Planeten Venus getrocknet werden, im Schatten des Nordwindes, das ist vom Süden her. Nun ist es der Alten Brauch gewesen, alle Arznei ursprünglich roh einzunehmen, ohne Zusatz. So soll zunächst ihr Vorgehen von mir beschrieben werden: nämlich 3 Tage, ehe die Krankheit ausbricht, soll der Kranke purgiert (reinigen, abführen) werden. Für junge Leute in Milch, für alte in Wein gesotten, ein halbes *lot* (1 l = 17,5 g) in einen Trunk getan und 3 Mal eingenommen, d. h. bis zum Tag des Anfalls; und das oftmals wiederholt. So haben es die Alten gebraucht.

Zum Podagra

Gleichermaßen ist es auch beim Podagra zu verstehen: wie beim vorherigen Prozeß soll 3 Tage vor dem gewöhnlichen Einsetzen des Gichtanfalls purgiert werden, drei Tage nacheinander. Wenn das geschieht, so wirkt das nicht anders: der podagrische Fluß wird aus dem ganzen Leib hinweggenommen, so daß in der Stunde des Anfalls ganz wenig zu spüren ist. Nun ist der alten *philosophi* Methode gewesen, daß sie sich dermaßen oft purgiert und es dahin gebracht haben, daß alles Podagrische hinausgeschafft worden ist, auch das, was verfestigt und verhärtet war. Das hat alles seine Zeit gebraucht. Als aber die Humoralen aufgestanden sind, haben die mit ihrer Kunst innerhalb einer Stunde mehr tun wollen als die Natur in einem Jahr, und als das geglaubt wurde, da war der Arzneikunst der Boden entzogen.

Zum Schlag

Dasselbe ist auch beim Schlag zu beobachten: wenn er alt und verfestigt ist, soll man purgieren wie oben beschrieben, dann ist die Kraft der Wurzel dermaßen, daß sie den Ursprung der Krankheit aufsucht und ist solcher Natur, daß sie kein Körnlein im ganzen Leib ausläßt, das sie nicht durchdringe. Auch Hippokrates sagt, daß für die letzten Krankheiten, d. h. für die sog. »fixen« Krankheiten, derartige Arzneien gesucht werden sollen, Arzneien nämlich, die so stark sind wie die Krankheit.

Denn es ist so: der Schlag ist eine der stärksten Krankheiten, aber ebenso ist diese Wurzel entsprechend stark im Grad als Gegenmittel. Daraus folgt, daß Gleiches Seinesgleichen findet, deshalb ist immer Starkes gegen Starkes zu richten. Wer das Gewicht der Krankheit und des Heilmittels nicht kennt, daß nämlich Pfund gleich Pfund ist und mehr wiegt als das Lot, der wird keine solchen Kranken heilen. Deshalb soll die Arznei entsprechend der Person, der Krankheit und den Umständen gewählt werden.

Zur Wassersucht

Es ist bekannt, daß im Menschen ein Brunnen aufsteigt, aus dem Wasser kommt und zwar so viel, daß es denjenigen, die es nicht gesehen haben, unglaublich erscheint, so, als ob Moses mit einer Rute in die Leber geschlagen hätte und als liefe nichts heraus als Wasser, fort und fort. Vielleicht ist es auch nicht anders, nur daß Gott mit der Rute schlägt wie einst Moses. Da aber Gott gnädig ist, so gibt er auch die Arznei dagegen. Nämlich die, daß ein Mal pro Woche mit der Wurzel purgiert werden soll, dann nimmt sie hinweg, was dazukommt, so daß kein »Überfluß« entstehen kann. Insofern ist die Nieswurz etwas gegen Wassersucht, weil sie das Wasser nicht überhandnehmen läßt, sondern es hinausschafft. Davon kann der Arzt sehr wohl Gebrauch machen und kann, nach Beobachtung der Krankheit, weniger oder mehr purgieren, wie es die Notwendigkeit erheischt. Damit ist wiederum die Grundlage gewiesen, so wie sie der Tugend dieser Wurzel entspricht.

Von anderen Krankheiten, die zu den oben genannten gehören, gegen die diese Wurzel gut ist

Wenn die Fallsucht oder die Gicht oder der Schlag oder die Wassersucht in einem Menschen liegen, so ziehen die Hauptkrankheiten Augenweh, Ohrenweh und Zahnweh nach sich und zwar mit vielerlei Anzeichen, nicht nur auf eine Art. Wo eine solche Krankheit wie die oben erwähnten ausbrechen will, gibt es solche Vorzeichen und noch eine Fülle anderer. Denn wenn ein Schaden kommen will, kommt er nicht allein, sondern gleich zuhauf – und so ist es bei allen Krankheiten. Wenn nun der Arzt merken und sehen kann, – wie er es sollte – daß eine so und so geartete Krankheit im Anzug ist und mit solchen und solchen Vorboten einhergeht, dann soll er nichts anderes tun, als mit den Vorboten gleich so verfahren, wie er mit den richtigen Krankheiten verfährt, dann gehen sie weg.

Weiter: Nachdem es sich, wie ausgeführt, so verhält, daß die Wurzel aus dem Leib entfernt, was nicht in ihm sein soll, also aus ihm entfernt, was ihm schaden kann und will, so folgt daraus, daß auch das Menstruationsblut der Frauen nur durch reinigende Mittel herausgetrieben werden sollte. Für die Frauen ist das am besten. Das soll auch bei einer toten Frucht, bei *mola* (Mißgeburt), bei Würmern und anderen ähnlichen Gewächsen geschehen. Es ist längst nicht allen Laxiermitteln möglich, das *menstruum* herbeizuziehen, die Frucht oder auch Würmer herauszutreiben, aber in dieser Wurzel liegt die besondere Kraft. Das ist ein Geheimnis der Natur, das ihr nicht genommen werden kann: sie ist dermaßen genaturt, daß ihre Tugend allen Krankheitsstoff bei Männern und Frauen austreibt, wie es anfänglich beschrieben wurde, so daß ein erfahrener Arzt sich sehr gut danach richten könnte. Wollte Gott, daß der beste Doktor aller deutschen Hochschulen diese Wurzel und das Kraut gebrauchen würde, ganz so, wie sie von Natur aus sind. Anstatt seiner ganzen Kunst hätte er damit Kunst genug, mehr als alle seine Skribenten mitsamt ihm selbst: das beweisen die Werke.

Zusatz Theophrasts: Zur correction (Steigerung) der Blätter und Wurzeln

Es ist so, daß die Tugend des Krautes groß ist und wunderbar, nicht weit vom Grad des Balsams entfernt. Deshalb soll man desto mehr im Blatt den Balsam suchen. Wer den Balsam aus dem Kraut lösen kann, wer das Kraut in eine Balsamform, d. h. in *seine* Balsamform bringen kann und will, der findet einen vortrefflichen Schatz in den *heimlichkeiten* der Natur, vortrefflicher als ihn alle die Skribenten mit ihrer ganzen Wissenschaft je erlangen. Nun, damit das Kraut in seine balsamische Form gebracht werde, ist folgendes nötig: es soll in seinem eigenen Saft putrifiziert werden (faulen), und zwar gut verschlossen und versiegelt, in warmem Roßmist; danach soll das Flüssige und das Gefäulte voneinander geschieden werden; nachfolgend soll das Gefäulte von den Rückständen getrennt und in einem besonderen Gefäß aufbewahrt werden. Dann ist der Balsam 2 gradig im Flüssigen und 22 gradig im Gefäulten. Das Gefäulte soll man also dem Grad entsprechend dosieren, das Flüssige entsprechend der Quantität, wie es anfangs beschrieben wurde. Noch höhere Grade erreicht es als Essenz, wenn die Arbeit anschließend, unter Hinzufügung eines weiteren Krautes wiederholt wird; das Mittel ist auch nützlich, wenn man es zusammen mit dem Pulver einnimmt nach dem Rat desjenigen, der etwas davon versteht.

Die *correction* (Steigerung, Besserung) der Wurzel besteht darin, daß man einen *vierling* Fleisch nimmt, und *aqua nucis muscatae* (Muskatnußwasser) hinzutut, außerdem von dieser Wurzel 1 *unze* (1 u = 35 g) und vom langen Pfeffer 1 *drachme* (1 d = 4,3 g), auch das Wasser, und von dieser Wurzel 2 *unzen*, grob zerschnitten, und das Fleisch gut gehackt – alles in einer verschlossenen Kanne in sprudelndem Wasser redestillieren lassen, 6 Stunden lang. Die gewonnene Flüssigkeit schütte heraus und behalte sie, der Rest ist nichts wert. Von dieser Brühe und Suppe gib zu trinken, entsprechend der Krankheit, der Person und dem Bedarf, nicht zuviel noch zuwenig. Arzt, das solltest du selber wissen. So purgierst du am wirksamsten, sichersten und angemessensten etc.

Weitere Zusätze Theophrasts

Ihr habt von den 4 Hauptkrankheiten gehört, die von dieser Wurzel geheilt werden. Überdies auch vom Kraut, wie es ein so langes Alter gibt, was ja schon ausführlich erzählt worden ist. Nun erfahrt, wie man diese Dinge noch mit zusätzlichen Kräften zur Vollendung führen kann. Beim Kraut nämlich kann niemand etwas dagegensagen, wenn zu einer Unze des Balsams aus dem Blatt von *helloborus niger* ½ *scrupel* (1 s = 1,4 g) natürlicher Balsam hinzugefügt würde und so innig vermischt, bis die Einheit der beiden Zutaten wahrgenommen wird und nicht die Zweiheit. Ich sage das deshalb, weil dann der helleborische Balsam nicht nur reinigend wirkt, was das Kraut auch tut, sondern auch konservierend. Der *balsamus naturalis* (natürlicher Balsam) ist nämlich eine Arznei, die vor jeglicher Infektion durch das Gestirn schützt, wie vor *Pleuresis* (Rippfellentzündung), vor Pest etc. Deshalb ist es nicht nur wegen der irdischen Krankheiten notwendig, ihn mit heranzuziehen, sondern auch wegen der Krankheiten, die durch astralen Einfluß verursacht werden, mit dem dieser Balsam am stärksten konkordiert.

Die vollkommene Heilung der 4 Hauptkrankheiten

Zur Fallsucht

Nun merkt: der *caducus* (Fallsucht) soll durch diese Wurzel geheilt werden – das heißt, so weit das Purgieren helfen kann, so weit wird durch sie geholfen. Es gibt nämlich einige Gewächse, die purgieren die Fallsucht, andere die Gelbsucht, andere die Gliedsucht (Gelenkerkrankung) etc. Denn so viele Krankheiten, das heißt so viele Arten von Krankheit es gibt, so viele Arten von Purgierung gibt es auch. So ist das auch mit dem *helleborus*. Es reicht nun aber nicht aus, nur zu purgieren, sondern es ist mehr vonnöten, nämlich: die Kur zu leiten. Denn obwohl der Wind ein Feuer löscht, sind doch die Kohlen noch da. Daraus folgt, daß nach jeder ausreichenden Purgierung, ausgeführt nach der oben erwähnten *ordnung*, die eigentliche Kur gegen die Epilepsie folgen soll und zwar mit *essentia vitrioli* (Vitriol-Essenz). Damit ist für Alte und Junge eine vollkommen ausreichende Heilung gefunden. Du jedoch, Arzt, halte mit dem Purgieren die *ordnung* ein, halte mit der Essenz die rechte *ordnung* ein. Sie ist nicht apothekerisch, sondern gemäß der Natur: dort liegt die Dosierung und Verordnung für alle Dinge.

Zum Podagra, Chiragra, Genugra etc. (Gicht an Füßen, Händen, Knien)

Die entscheidende Kur bei Podagra ist, daß man ausschließlich die Gicht purgiert und nicht etwas anderes. Damit ihr mich recht versteht: die Humoralärzte purgieren die Säfte, und die Säfte sind nicht die Krankheiten. Saft oder Säfte und Podagra oder Podagrae sind so weit voneinander entfernt wie Weiß und Schwarz. Auf diese Weise bringt ihr Purgieren keinen Nutzen, sondern nur Schaden. Die Krankheit soll man purgieren und die heißt Podagra, nicht die Säfte. Das ist, als ob ich Peter purgieren sollte und purgierte Johannes. Da schau bloß dieses große Werk und diesen hohen Verstand an! Darum ist hier nachdrücklich festzuhalten, daß diese Wurzel ausschließlich die Gicht purgiert und gegen die Gicht eine Arznei ist. Also purgier damit und zwar ausreichend, denn du triffst nichts damit außer dem Podagra in seinen verschiedenen Arten. Wenn du das ausreichend und gut vollbracht hast, dann geh an die Kur: die besteht aus *essentia specificata vitrioli* (Vitriolessenz), *tartari* (Weinsteinessenz). Sie geht durch alle Glieder bis zum *terminus finis* (Ziel, Ende, Vollkommenheit), den dir die Natur – auf die du dich verlassen sollst – selbst genau anzeigen wird; so wirst du die Heilung vollenden, etwas, was die Humoralärzte nicht verstehn.
Deshalb sagt ein Poet (Ovid): *Nescit nodosam medicus curare poda-*

gram. (»Der Arzt weiß die knotige Gicht nicht zu heilen«) Der hat die Humoralärzte besungen, als wolle er sagen, sie können gar nichts, verderben mehr als sie gut machen.

Zum Schlag

Entsprechend soll auch beim Schlag mit dem Purgieren vorgegangen werden, in der Art, wie dargestellt, bis zu dem angestrebten Zielpunkt, den du aus der Natur lernen sollst und wirst – die Natur ist aller Ärzte Lehrmeisterin. Wenn du soweit gekommen bist, so nimm die Salbe vom *esse animato* gemäß der Beschreibung; sie heißt im Licht der Erfahrung: *esse animato ab animante*; mit dieser Arznei laß den ganzen geschlagenen Leib salben. Kehr dich nicht daran, wenn die Haut abgehn wird, fahr so lange fort, bis der Patient Wärme dritten Grades in dem geschlagenen Teil empfindet. Danach salbe mit dem *esse animato coniuncto*, wie es im Licht der Erfahrung steht, bis zum dritten Grad der Beweglichkeit. Von da an verfahr so mit ihm: laß ihn Thermalbäder nehmen und zwar stärkende und erwärmende, so kannst du bis zur grundlegenden Ursache, bis zur vollkommenen Heilung jeglichen Schlags kommen, sei er paralytisch oder apoplektisch, wie immer er sich zeigt.

Zur Wassersucht

Bei der Wassersucht ist das Vorgehen auch derart, daß du zuerst ausleeren sollst, was an überflüssigem Wasser da ist. Ist es mit Hilfe des *helleborus* ausgeleert, entsprechend der oben beschriebenen *ordnung*, dann geh an die Kur. Das ist nämlich nicht die Kur, das Ausleeren, das ist das Hinausschaffen des Überflüssigen. Die Kur ist, daß nichts mehr nachwächst. Die Kur ist so, daß du der Eisentinktur eingedenk sein sollst, die vollbringts allein. Sie ist, wie du *in lumine experto* (im Licht der Erfahrung) finden wirst, auf mehrerlei Weisen herzustellen, die alle gut sind. Es muß der 4. Grad der Austrocknung erreicht werden, was unter diesem Grad bleibt, das nimmt die Heilung nicht an. Deshalb muß die *praeparation* aus der Alchimie kommen, der Apotheker bringt das nicht zuwege mit seiner Panscherei. Diesen Grad gibts oft beim Eisen, darum nimm ihn von dort: er hat das Vermögen. Also durch *essentia martis* (Eisenessenz) wirst du den Wassersüchtigen dahin bringen, daß er nicht mehr in die Krankheit zurückfällt. Machs auch, Humoraler, dann schnapp zu, du welscher Esel. Es ist eine große Schande für dich, daß du die Wassersucht nicht heilen kannst, weil du den rechten Griff nicht kennst und nicht weißt, worin du steckst. Lerne, auf dem rechten Weg zu wandeln, und nicht im Labyrinth.

Von anderen damit zusammenhängenden Krankheiten und Komplikationen, die mit den 4 Hauptkrankheiten einhergehen

Schon anfangs habe ich gesagt, daß mit diesen Krankheiten viele andere mitlaufen, denn kein Unglück kommt allein, also z. B. Zahnweh, Ohrenweh, Halsweh, Achselweh etc. Bei all denen heißt es: purgieren mit dieser Wurzel und danach *tinctura martis* (Eisentinktur) gebrauchen, denn sie verhindert, daß die *materia peccans* (schädlich, bösartig) zunimmt und das erzeugt, wovor die Anzeichen im voraus warnen. Das Purgieren soll nach dem Laxierkalender geschehen, d. h. also purgiere zu dem Zeitpunkt, wenn die jeweilige Krankheit wieder einsetzen will, je nachdem, im Zusammenhang mit dem Mond, oder im Zusammenhang mit der Sonne, oder im Zusammenhang mit einem Tierkreis-Zeichen oder dgl. Denn der Laxier- und Reinigungskalender folgt nicht dem Kalenderjahr mit 365 Tagen, sondern richtet sich nach den Rhythmen der Krampfanfälle. Nach *dem* Jahr sollst du dich richten, damit du die Leiber erneuerst und erhältst mit den Tinkturen aus Eisen, gemäß der *ordnung* der Arznei – wie es die Mysterien der Natur erfordern.

Von der Persicaria (Flohknöterich)

Wenn ihr bei der *persicaria* den rechten Grund verstehen und erkennen wollt, so sollt ihr zuallererst erfahren, daß die *persicaria* ein Kraut für die offenen Schäden ist, bei Menschen und Vieh, also daß die *persicaria* nahezu alle offenen Schäden heilt. Und insbesondere die Wunden, die nicht mit anderer Arznei geheilt worden sind, die man also nun nicht mehr Wunden, sondern Schäden nennt, heilt sie ganz aus, wenn die diesem Kraut eigene *ordnung* gebraucht wird. Denn die *persicaria* ist ein solches Kraut, daß ihr keines gleicht an Heilkraft bei Menschen und Vieh; was offen ist oder aufbrechen will, das vertreibt sie. Z. B. bei Rössern, wenn sie vom Sattel gedrückt sind, gleichgültig, wie groß die Stellen sind oder wie schlimm, ob sie nun offen sind oder noch in Form von Beulen und Geschwüren – dieses Kraut heilt sie ohne jede Einschränkung, sodaß man das Roß täglich, ohne daß es ihm schadet, gebrauchen kann. Ebenso beim Menschen, wenn da etwas anschwillt, oder wenn von der Arbeit etwas aufbricht an Händen oder Füßen, oder wenn man sich durch das Handwerk einen Schaden zufügt, oder bei denjenigen, die im Gefängnis gelegen haben und aufgefressen sind von den Ketten, oder bei denen, die krank sind und sich im Bett aufliegen, ebenso bei anderen offenen Schäden, wie die auch seien, an den Beinen, an den Armen – das Kraut ist ihrer aller Arznei.

Damit ihr den Gebrauch des Krauts versteht, so wißt, daß man es dergestalt gebraucht: nämlich man nimmt das Kraut und ziehts durch einen frischen Bach, dann legt mans auf die Stelle, die man heilen will, so lange, wie jemand ein halbes Ei ißt. Danach vergräbt man es an einem feuchten Ort, damit es faule, so heilt der Schaden in der gleichen Zeit. Ich muß allerdings auch berichten, daß einige ein Kreuz über den Wunden machen, einige dazu beten; das ist alles unnötig und gehört nicht dazu, denn es ist eine natürliche Wirkung vorhanden, die das natürlich vollbringt, nicht mit Hilfe von Aberglauben und Zauberei. Deshalb sollen solche Fantastereien unterlassen werden und soll nach der natürlichen Ordnung verfahren werden, dann ist das Kraut wunderbar in seinen Kräften.

Es ist vielmehr so, daß ich und andere viele solcher Schäden geheilt haben in der Weise, wie oben angeführt; und ich halte es für gut, daß dieses Kraut ganz frisch und grün durch ein rinnendes frisches Wasser gezogen wird und zwar je kälter, desto besser; denn seine *correction* (Besserung, Steigerung) geschieht allein durchs kalte Wasser – und dann naß und frisch über die Schäden gelegt und zugebunden! Und wenn es sich auf dem Schaden erwärmt und brennen will, oder faulen, oder stinken, unverzüglich weggetan und ein frisches übergelegt! Und so, nach dieser *ordnung* fortgefahren bis zum Ende der Heilung! Was von diesem Kraut nicht geheilt wird, widersteht noch mehr allen Arzneien von Übersee.

Nun versteht auch, was hier zugrundeliegt, wie sich die zwei Prozesse im Licht der Natur erweisen, nämlich: daß die Natur so wirkt und nicht Zauberei! Der zweite Vorgang – mit dem täglichen Auflegen – ist natürlich, aus sich selbst heraus zu verstehen und bedarf keines Beweises. Aber den ersten Prozeß, von dem alle Skribenten schweigen und keine Ahnung haben, will ich euch durch ein Exempel beweisen, nämlich durch den Magneten und das Kompaßzünglein. Im Magneten ist die Kraft, daß er das Eisen an sich zieht ohne Hände und Füße, wunderbar. Wenn man haben will, daß er die Kompaßzunge an sich ziehe, so muß zuerst das Zünglein mit dem Magneten geschmiert und ausgerichtet werden, so daß Bauch gegen Bauch und Rücken gegen Rücken komme. Danach ziehts der Magnet her zu sich, des Züngleins Bauch zu seinem Bauch. Das ist öffentlich erwiesen, ist jedermann bekannt. Zugleich ist es ein Mysterium der Natur und ein *secretum* (Geheimnis) und *magnale* (großes Wunder), wodurch Gott im Licht der Natur seine Wunderwerke wunderbar erzeigt.

Darauf folgt nun, daß die *persicaria* eine solche Art gegenüber dem verletzten Fleisch hat, daß *persicaria* auf dasselbe wirkt wie der Magnet auf das Kompaßzünglein. Darum versteht, daß da zuerst eine Einheit hergestellt werden muß, eine Konkordanz zwischen dem verletzten Fleisch und diesem Kraut. Das Fleisch soll mit dem Kraut angerührt und bestrichen werden – wie es das Exempel vom Salben des Züngleins mit dem Magneten bezeugt; wenn das gut mit dem Magneten bestrichen wird, wo immer danach der Magnet ist, weit weg oder nah dabei, so hat er die volle Wirkung. Wenn nun ein Wundschaden bei Mensch oder Vieh genau so mit dem Kraut bestrichen wird – das Vorgehen ist oben dargestellt worden –, so daß Bauch gegen Bauch und Rücken gegen Rücken streicht, und es danach vergraben wird in die Erde, dann wirkt das Kraut auf wunderbare Weise heilend.

Nun braucht sich niemand darüber wundern, daß mans vergraben soll und mit einem Stein beschweren und gut bedecken. Das hat eine natürliche Ursache, und zwar folgende: wenn das Kraut grün ist und bleibt im Garten auf seinem Stengel, dann bewirkt es nichts. Denn solang es lebt, steht es in Wechselwirkung mit dem Gestirn und das Gestirn mit ihm, und wegen dieser *operation* nützt es keinem Menschen. Wenn es aber abgebrochen ist, so ist es tot, und das Gestirn wirkt nichts mit ihm, wie die lebendigen Menschen nichts mit den Toten. Jetzt, wo es aber tot ist, geht seine ihm eingeprägte Tugend zum Menschen, um dessetwegen es geschaffen ist. Und es liegt in der Natur eine Eigenschaft, daß seine Wirkung folgendermaßen ist: so lang es ganz ist, solange dauert auch seine *operation*. Zum Beispiel: der Mensch hat auf Erden ein Tagwerk, das er tun soll, und alle seine Arbeit ist nur *eine* Arbeit, ist nur ein Tagwerk. Wenn das Tagwerk aus ist, so ist er tot, und der Tod ist das Ende seines Tagwerks. So ist es auch mit dem Kraut. Den Wundschaden soll es heilen, das ist sein Tagwerk, an dem Tagwerk arbeitet es so lang, bis es ganz verfault ist; dann ist sein Tagwerk vollbracht, und der Schaden ist geheilt.

Drum, wenn es lange dauert bis zur Fäulung, braucht es desto länger, um zu heilen, arbeitet es also desto länger. Ist es schnell zur Fäulung bereit (was in der Erde geschehen soll, die gleichermaßen der Ort seines Wachsens ist, wo es auch entsprungen ist), desto eher ist der Schaden geheilt. Denn es ist sein ihm zugemessenes Ziel, sein Zeitmaß, daß es den heilen soll, es daure lang oder kurz. Wer es schnell haben will, beschleunige die Fäulung. Das ist wie mit einem Pferd, das eine Tagereise vor sich hat; je nachdem, ob es der Reiter antreibt, desto schneller oder langsamer kommt er zum Ziel.

Von anderen Krankheiten, für die persicaria auch gut ist

Nicht allein ist die *persicaria* gut für die erwähnten Krankheiten, sondern auch bei vielen anderen. Z. B. bei kalten Zahnflüssen: wenn sie durch ein kaltes Wasser gezogen und auf den Zahn gelegt wird, nimmt sie die von kalten Füssen herrührenden Zahnschmerzen hinweg. Nicht anders soll sie auch auf die erwähnte magnetische Art vergraben werden. Weil aber die Fäulung so langsam anfängt, so ist der allgemeine Brauch, daß man sie nur überlegt und oft erneuert. Viele solcher kalten Zahnschmerzen sind vertrieben worden durch das Vergraben des Krautes, so daß auch in der Folge keiner der betreffenden Zähne mehr weh getan hat.

Außerdem ist in der *persicaria* eine besondere narkotische Eigenschaft, sodaß sie alle gefährlichen hitzigen Krankheiten, die einen zu Tod brennen, stillt und heilt. Außerdem ist *persicaria* bei allen Kopfleiden – bei *mania, phrenesis* (Geistesverwirrung, Wahnsinn) oder dgl., oder wenn der Leib bei einer Krankheit so entzündet wäre, daß nichts mehr hilft – das letzte und beste Löschmittel, innerlich einzunehmen. Bei den Alten ist Brauch gewesen, daß man ihr die Schärfe genommen hat, denn sie ist etwas beißend, und zwar hat man sie ihr durch Rösten in Schmalz oder Öl genommen; der beißende Geschmack, verursacht durch ihre Schärfe, ist dadurch vergangen und weggenommen; dann ist sie zu essen gegeben worden, und dann hat ihre Wirkung angefangen, wie bereits beschrieben. Weiterhin ist wissenswert, daß sie durch ihre narkotische Kraft die Fieber nimmt und überwindet, auch das Keuchen der Lungen, (Asthma; Keuchhusten), den Husten, das Bauchgrimmen, das Aufsteigen der Gebärmutter (Uterusleiden). Ebenso ist sie auch gut zum äußerlichen Auflegen auf die Wundrose und für alle hitzigen Schäden; nur genommen, mit Rosenwasser übergelegt und oft erneuert!

Zusatz Theophrasts

Zu dem ersten Punkt, den ich von diesem Kraut dargestellt habe, mit dem Exempel des Magneten, will ich euch hier auch mein Vorgehen – mit *correction* und *addition* – darstellen, damit ihr über die *persicaria* gründlich unterrichtet seid, und zwar ist es so: am Anfang ist gesagt worden, daß man den *rietich* (alte, mundartliche Bezeichnung für die *persicaria*) nehmen soll und naß machen in einem fließenden Wasser und so kalt und frisch die Schäden damit bestreichen soll etc., und dann vergraben. Nun ist aber auch der Fall zu betrachten, daß es Komplikationen geben kann, indem z. B. die Schäden böse sind etc., nicht leicht zu stillen und zu bezwingen. Daraus folgt, daß eine *addition* von nöten ist, etwas Zusätzliches zum oben Erwähnten und zwar so: wenn du gewahr würdest, daß es Widerstand geben könnte, oder wenn du auf Grund von einigen Ursachen diesen Eindruck hast, dann tu, was du zum ersten Mal getan hast – naßmachen, bestreichen, vergraben! So mach es am nächsten Morgen von neuem, am dritten Tag ebenso, und wenn du meinst, es wäre nötig, noch weiter. Tu es 10, 12, 14 Tage nacheinander oder mehr, und laß nicht nach, dann fault eins dem andern nach bis zum Ende der Heilung. Merk dir zugleich auch meinen Grund, weswegen ich das überhaupt darstelle und lehre: es kommt oft vor, daß ein Roß eine Tagereise zurücklegen soll, aber ihm begegnet unterwegs ein Unfall, es verstaucht sich etwas, wird krämpfig, verliert ein Eisen, verletzt den Huf, wird kurzatmig, übertrinkt sich etc., so daß aus solchen Gründen die Tagereise nicht stattfinden kann – deshalb ist es gut fortzufahren; wo nicht eins hilft, hilft doch das Zweite, Dritte, Vierte, 5., 6. etc.

Und weiter sollt ihr den Grund darin erkennen, daß strenge Krankheiten strenge Arzneien haben müssen. Es kann leicht sein, daß ein Mal nichts hilft, wie es bei vielen Krankheiten ist, wo nur *ein* Mal purgieren nichts hilft, oder nur eine Dosis, sondern wo es mehr sein muß. Deshalb soll mit der *addition*, die ich angewendet habe, weiter fortgefahren werden. Auf diese Weise wird die Krankheit überwunden, wie das schon viele verspürt haben. Auch sollt ihr soviel eignen Verstand haben, zu wissen, daß die Wunden, falls sie verschmutzt sind, reinlich gehalten werden sollen und sauber. Werden sie unsauber gehalten, behindert das die Heilung. Ansonsten schadet Bewegung nichts, ist besser als Ruhe. Je mehr das jeweilige Glied gebraucht und geübt wird, desto besser ist es. Wisst auch, daß es nicht schlecht ist, wenn zugleich andere zuträgliche Arzneien gebraucht werden. Aber ja nichts, was entgegengesetzt wirkt, nichts, was von den Barbieren, Badern oder Pfuschern kommt, die alle gar zu originell und klug sein wollen und immer mehr wissen, als eigentlich daran ist. Was aber gemäß der *ordnung* der Natur dahin verordnet ist, das soll und kann gerne mitlaufen, es beschleunigt die Heilung. Deshalb sollt ihr wissen: was *so* geheilt wird, hat Bestand, nichts heilt zu, was die Natur offen haben will: nur das heilt zu, was zu sein soll. Dort nämlich, wo die großen Flüsse sind und ihren Ausfluß haben, soll es ja nicht zuheilen – das wäre der Tod. Aber alles andere wird dadurch geheilt. Darum gebührt dem Kraut ein Lob, wie nicht leicht einem Arzt. Denn vieles wird unternommen, was nicht unternommen werden sollte, vieles verdorben, was mit diesem Kraut aus der eigenen Natur heilend hervorkommen würde. Und mehr Verstand, was Krankheiten angeht, hat die Natur in dieses Kraut gelegt, als etwa 3 oder 4 Doktoren auf den Hohen Schulen an Verstand oder Wissen zugemessen ist.

Zusatz, die anderen Krankheiten betreffend

Zum andern ist, wie ich dargelegt habe, das Kraut gut bei Zahnweh. Und zwar, wenn man das Kraut dergestalt – wie gleich folgt – verwendet und daraus ein *lavamentum dentium* (Mundwasser, Zahnwasser) macht, es so warm wie möglich in den Mund nimmt, darin abkühlen läßt und wiederum möglichst warm hineinnimmt, mehrmals nacheinander, dann befreit es von allen Zahnschmerzen.

Die Herstellung ist folgendermaßen: du nimmst Rosenessig und *cortices iusquiami* (Bilsenkraut) und dieses Kraut, ungefähr zu gleichen Teilen und kochst das alles gut, das ist dann das *lavamentum*; und das andre Kraut, das da ist, das vergrab und beschwers mit einem Stein wie oben. Wahr ist auch, sofern du Zahnweh hast, das schlimm und schmerzhaft ist und vom Geblüt herrührt – wie es die schlimmsten Zahnschmerzen alle tun – so bestreich die Zähne mit der *persicaria*, wie zuerst beschrieben, dann vergrab sie und beschwer sie mit einem Stein, der groß und schwer genug sein muß.

Dann kommt es beim ersten Prozeß zur Fäulung. Wie es dem Kraut ergeht, so ergehts auch dem Zahnweh; das Kraut löst sich auf, und mit dem Kraut löst sich auch der Schmerz auf. Darüber braucht sich niemand zu verwundern, als allein die Unwissenden, daß dies Kraut und die Krankheit dermaßen ein Leib sind, denn hier ist nämlich eine *conjunctio astralis* und *elementalis* beieinander. In der gleichen Weise, wie die Wärme der Sonne mit dem Erdreich konkordiert, so verbindet sich die Persicaria mit der Krankheit. Wenn die Sonne weggeht, so vergeht die Hitze auch, so auch hier – eins geht mit dem andern.

Was nun die anderen Krankheiten angeht, von denen ich gesprochen habe, sollt ihr wissen, daß die *correction* dieses Krautes für die inneren Krankheiten, von denen die Rede war, folgendermaßen ist: man soll dieses Kraut mit Nachtschattenwasser oder mit Hauswurzwasser vermischen und ein bißchen sieden, danach kalt werden lassen und trinken, und das Kraut vergraben, siehe oben.

Item ists geeignet für die äußeren Krankheiten, in diesem Fall aber mit Kampherzusatz.

Aber über das alles hinaus, gibt es noch eins bei der *persicaria*, das die bisher berichteten Dinge alle übertrifft. Weil ich hier aber die *naturalia* behandle in Einfalt für den gemeinen Mann, will ich nicht weiter ausgreifen, sondern es bei der Einfalt belassen. Wunderbar sind die Wunderwerke Gottes, wer kann sie ganz ergründen? Die Humoralärzte haben die wahren Geheimnisse verschüttet und ihren Unflat in die Welt gebracht, und so aus der Sophia eine Sophisterei gemacht und die Perle der Natur zertreten, wie sie es auch offensichtlich noch heutzutage tun. Sie vergessen, daß die Natur selbst das große Wunder ist – *sie* wollen es sein! Durch ihre Sophisterei sind sie die Ursache, daß von der Perle Stillschweigen bewahrt werden muß; wenn sie schon öffentlich nichts taugen, was würden sie dann heimlich tun? Wenn die Klugscheißerei der Humoralärzte aufhörte, dann könnte das eröffnet werden: denn die Perle ist nichts für solche humoralen Säue!

Vom Salz und seinen Kräften

Was der Mensch nötig braucht, das hat Gott für ihn geschaffen, so daß er es einfach und leicht erlangen kann. Was aber nicht nötig ist, d. h. was nicht in großer Menge nötig ist, davon hat Gott desto weniger geschaffen und nicht im Überfluß. So sollt ihr es auch verstehn, daß die Arznei dem Menschen nötig ist. Weder muß er übers Meer ziehen deswegen, er findet sie diesseits des Meeres, noch müssen die von jenseits des Meeres zu uns kommen, sie haben dort das Ihrige für ihre Gesundheit. Ebenso verhält es sich auch mit dem Salz: der Mensch muß es haben, für seine Notdurft findet er genug.

Nun folgt, wozu das Salz gut sei für den Menschen, also die *Tugend* des Salzes. Es erweist sich, daß das Salz auf zweierlei Weise gut ist für den Menschen: in der Speise, das muß sein, und als Arznei bei natürlichen Krankheiten. Jede Speise, die der Mensch ißt ohne Salz, kann nie ganz und gar verdaut und gekocht werden, weder im Kochtopf noch im Menschen. Denn im Salz ist eine derartige Eigenschaft, daß es beim Kochen alle Dinge korrigiert, und Salz ist die wahre *correction* aller Speise, die der Mensch essen und gebrauchen soll. Und was ohne Salz ist, das wird nicht korrigiert, was nicht korrigiert wird, kommt mit einem Krankheitsstoff in den Menschen. Deshalb sollen alle Speisen ausreichend Salz haben, im rechten *temperament* (Verhältnis, Maß), nicht zu viel und nicht zu wenig; maßvoll soll man es gebrauchen. Wenn nun die Speise gekocht und temperiert mit dem Salz in den Magen kommt, dann ist es der Natur angenehm zu verdauen, ohne Salz aber gar nicht. Denn was schwach oder gar nicht gesalzen ist, das wird verdaut zu phlegmatischem, zu Flüssen neigendem, schleimigem Blut und Fleisch, empfänglich für alle Krankheiten, insbesondere für die Fäulnis. Und diejenigen Leute, die schwach salzen, sind in Kräften und ihrer Natur und Komplexion schwächer, baufälliger etc. als die andern und den anfallenden Krankheiten mehr unterworfen. Denn die Natur will, daß nichts in sie komme ohne *correction* – nämlich durch Salz –, nichts ohne *prae-*

paration – nämlich durch Kochen auf dem Feuer – außer dem, was des Geschmacks wegen zugefügt wird, wie Rettich, Knoblauch, Äpfel etc.

Nun wißt weiter vom Salz, daß Salz ein irdischer Balsam ist, für den Menschen und alle Dinge. Denn wo Salz nicht ist, da fängt die Fäulnis an, und allein das Salz bewahrt jedes Ding – Lebendiges und Totes – vor der Fäulnis. Im Reich des Lebendigen ist Salz im Blut aller Tiere, und wenn das angeborene Salz im Menschen nicht wäre, faulte er bei lebendigem Leibe dahin. Nicht nur inTieren, sondern in allen Gewächsen ist Salz, und es gibt nichts, das nicht gesalzen wäre von der Natur, seien es nun Metalle, Steine, Kräuter, Hölzer, Schwämme etc. Das beweist sich durch die *alcalia*, die alle *salia* sind, die man aus allen Naturdingen ausziehen kann. Und gleicherweise, wie der Mensch von Fleisch ist, und ißt Fleisch, und mit Fleisch erhalten werden will – Gleiches verlangt nach Seinesgleichen –, so begehrt auch der Leib danach, Salz zu sich zu nehmen, seinem Salz im Leib zur Speise, das Fleisch dem Fleisch zur Speise, dem Blut etc. Nun ist das Salz gleich einem Balsam, denn es bewahrt auch vor der Fäulnis, aber er ist subtiler und höher in seiner Natur. Darum sollen wir vom Salz erstens die Eigenschaft wissen, die es als Balsam hat, zweitens die Eigenschaft, die es hat bei der *correction* aller Speise, indem es sie für die Verdauung zubereitet; diese *correction* muß der Mensch haben, ohne sie kann er nicht sein, sondern er ist dazu gezwungen. Wo kein Salz ist, ist nichts Bleibendes, sondern alles auf Fäulnis angelegt. So sehr ist also des Salzes eigne Natur in der ganzen Schöpfung vorhanden und allen Menschen und Tieren eingeleibt. Mit Hilfe von Salz werden alle toten Früchte, ohne Faulen und Zersetzung über alle zeitlichen Grenzen hinaus haltbar gemacht, auch jede Art Fleisch, auch Holz, daß es nicht fault, Leim, daß er nicht fault – alles was da ist, kann durch Salz erhalten werden. Dazu ist aber wichtig, daß das Salz nicht nur auf eine Art angewendet wird, sondern auf vielerlei Arten; es kommt auf die Bereitung an. *Sal crudum* (rohes Salz) nämlich bewirkt das, was man ganz allgemein durch die Erfahrung mit Fischen oder Fleisch kennt, nämlich daß sie gut bleiben. Wenn aber das Salz gesteigert wird, dann konserviert es alle Dinge für eine unglaublich lange Zeit: Holz wird zu Stein damit, Leim wird zu Stein, Blätter von Bäumen bleiben grün und was mit *sal enixum* (gesteigertes Salz) besprengt wird, erleidet keine Veränderung. Es gleicht dem Balsam in seiner konservierenden Kraft und übertrifft ihn, denn es bringt alle Dinge im Lauf der Zeit in eine Art Versteinerung. Wenn auch unterdessen das *sal enixum* vertrocknet, vergeht, dahinschwindet, so ist das Ding doch dermaßen hart und fest geworden, daß es so bleibt, an der Luft, im Wasser, auf der Erde gleicherweise.

Was aber die menschliche Gesundheit angeht, so ist die Frage, wozu Salz für den Menschen gut sein könnte, über das eben Gesagte hinaus. Ihr wißt jetzt, daß es ein großer Schatz ist, weil das Salz in der Speise so wichtig für den Menschen ist, weil so viel am Salz gelegen ist und es mit solchen großen Tugenden ausgestattet ist in der Speise und als Bewahrer aller Dinge, lebendiger und toter. Darüber hinaus ist es bei Wunden nützlich für den Menschen – man nehme frisches Wasser, salze es ein wenig, und damit die Wunde gewaschen! Dann bewahrt es die Wunden vor dem Faulen zu jeder Jahreszeit. Denn es ist ganz offenkundig, daß viele Wunden im Sommer, besonders in den Hundstagen, mächtig von Fäulnis befallen werden; davor behütet einen das Salz, so daß das nicht geschieht. Weiterhin treibt es die Würmer aus, die in den Wunden wachsen, und verhindert, daß noch weitere wachsen können. Von einem solchen Geheimnis hängt viel ab in der Wundbehandlung; Bader, Barbiere und ihresgleichen sollten sich keineswegs schämen, solche gesalzenen Wasser anzuwenden. Sie wenden ja oft Arzneien an, die Fäulnis oder Würmer erzeugen, so daß sie sie selbst nicht mehr abwehren können, womit sie also kraft großer Meisterschaft viele Menschen schädigen und zugrunderichten. Der wahre Arzt merke also wohl auf, und lasse sich das *lavamentum vulnerum* (Wundwaschung) anbefohlen sein. Es hält ihm die Wunden sauber, und wenn die Natur eine saubere Wunde hat, dann arbeitet sie selbst auf die Heilung hin. Wie ein Hund, der mit seinem Schlecken seine Wunde sauber hält, entsprechend soll der Mensch auch mit dem Salz verfahren.

Weiterhin sollt ihr wissen, daß an den Orten, wo man das Salz siedet, eine Sulz gemacht wird, die so dick ist, daß ein Ei darin nicht auf den Boden fällt, auch ein Mensch nicht. Die Sulz sieht bekanntlich wie Öl aus. Was die Sulz angeht, so erfahrt die folgenden geheimen Hinweise: alle, die fettleibig sind, voller Flüsse, voller Feuchtigkeit, voller innerer Verschleimung, woraus dann Podagra

(Gicht), Arthretica (Gelenkrheumatismus), geschwollene Schenkel, Mastschenkel, Fettbäuche und -leiber entstehen, die sollen in dieser Sulz baden. Das alles wird darin ausgedörrt, sodaß sie derartige Krankheiten, die aufgrund von Fettleibigkeit entstehen, nicht mehr bekommen; die Krankheiten werden ganz aufgezehrt. Auch wenn die Schenkel so beschaffen sind, daß daraus Ölschenkel oder dgl. werden könnten, wird das auch verzehrt in der Sulz. Sie macht einen schlanken, gesunden Leib und einen beweglichen, leichten Leib. Denn da werden alle die großen Feuchtigkeiten aufgezehrt, die viele Krankheiten nach sich ziehen würden, die aber nicht entstehen, wenn die Flüsse gar nicht da sind.

Gleichermaßen beweist sie ihre Wirkung auch bei allen Hautausschlägen, bei Räude, Krätze, Jucken und dergleichen, die dörrt sie alle aus, und heilt sie sauber zu; die Haut wird wieder ganz. Alle Heilquellen, die natürlich entspringen, wie Pfäffers, Teplitz, Baden etc., übertrifft eine solche Sulz und hat die sicherste Heilwirkung. Wenn ein Arzt aller Thermalbäder Art und Eigenschaft vergliche und damit auch die Sulz vom Salz, dann übertrifft das Salz sie alle als Sulz. Denn so viel Feuchte im Menschen hinausschaffen, wie es das Salz vermag, und vorbeugen, daß nichts nachkommt – wer kann das genug preisen? Und so wirkt die Sulz, daß kein Glied am Leib irgendeinen Schaden davonträgt, daß sie ganz unschädlich ist! Das kann in anderen Bädern nicht versprochen werden. Das soll sich der Arzt genau überlegen, wenn er einen Kranken oder Gesunden vor sich hat, der voller Schleim und voller Flüsse ist, daß er ihn baden lasse nach den ihm angemessenen Bedingungen. Leidet er an Krankheiten, durch diese Leibesbeschaffenheit verursacht, so vergehen sie; sind sie für die Zukunft zu befürchten, so werden sie bereits im Keim aufgezehrt, sodaß sie nicht an den Tag kommen. Deshalb ist es unsinnig, zu einem Bad zu raten ohne Wissen und Erkenntnis von der Vielfalt dessen, worin man alles baden kann; man soll immer das Beste auslesen und die andern Möglichkeiten fahren lassen.

Zum Gebrauch des Salzes ist erst einmal nicht notwendig, daß man es verändert oder ihm etwas hinzufügt, sondern man brauche es so, wie es ist. Und wenn auch in vielen Beschreibungen steht, daß man dem Salz etwas dazuaddieren solle, wie Kümmel, Fenchel, Zimt, Muskat, etc., so ist es doch nicht *ad propositum*, es verstärkt nicht des Salzes Eigenschaft, sondern das Salz wird auf einen anderen Weg geführt, auf den es nicht geführt werden soll. Deshalb: zum Kochen und für die Speisen soll es ganz es selbst bleiben, so wie es ist. Aber im Hinblick auf Krankheiten, da kann man es schon verbessern, aber so, daß das Salz gradiert werde und nicht degradiert. Denn wißt, wenn man das Salz ißt, ist es in seinem 1. Grad, seine *calces* (calziniertes Salz) sind im zweiten Grad, seine Sulz im dritten. Will man nun höher hinauf in der Gradierung, bis auf den 24. Grad, dann ist es nötig, die Zusätze zu wissen. Ich habe von den Kräften des Salzes bei fettleibigen Menschen gesprochen. In diesem Fall ist es *correction* und *addition* zugleich, wenn sie zuerst gründlich purgiert werden – nach der *ordnung* der schwarzen Christwurz – und dann in der Sulz baden. Weiterhin ist es nötig, daß *elixir tartareum* (Weinsteinelixier) verordnet und geraume Zeit ordnungsgemäß eingenommen werde, damit die verfestigten *apostemata* (Geschwüre) und *oppilationes* (Verstopfungen) und *putrefactiones* (Fäulnisherde) im Leib ausgeschieden und erneuert werden bis zu dem Punkt, wo es genug ist, danach soll mit der Sulz fortgefahren werden nach der ihr gemäßen *ordnung*. Durch ein solches Vorgehen kann das Bad in der Sulz auf 16 Grad kommen, was die Wirkung angeht, d. h. die Sulz wirkt auf diese Weise so stark, als wäre sie selbst 16 gradig, das sind 13 Grad mehr, als sie von Natur aus hat.

Die höhere Steigerung der Grade muß durch die Zubereitung geschehen; zunächst einmal, indem man die Sulz selbst gradiert, was folgendermaßen gemacht werden muß: man koche die Sulz statt mit Wasser mit Säften, beispielsweise mit Wegerich, mit kleinem oder großem Wegerich, oder mit etwas Entsprechendem, so wird sie noch viel kräftiger bei Räude, Krätze und anderen Ausschlägen. Sie vollbringt dann an einem Tag mehr als sonst an vieren.

Item bei offenen Schäden soll man sie gleichermaßen mit dem Saft von *consolida* (wahrscheinlich Günsel) oder *serpentina* (Aronstab?) vermischen, von denen es vielerlei Arten gibt. Wo nun eine solche *addition* gemacht wird bei der Bereitung der Sulz – also daß anstatt Wasser dieser Zusatz dazugetan wird –, ist sie wunderbar heilkräftig bei offenen Schäden und steigt in den 20. Grad auf; und je besser du diese *addition* zustandebringst, desto größer ist die Wirkung.

In Bezug auf die inneren Krankheiten – bei Flüssen – erfahrt noch andere Gradierungen. Macht man es nämlich so, daß die Sulz mit Branntwein vermischt und dennoch mit Wegerichsaft zubereitet wird, dann hat sie die höchste Austrocknungskraft und erreicht vollkommen den 24. Grad.

Es gibt noch eine andere Zubereitung, die auch hierbei gebraucht werden soll, nämlich: Salz destillieren in ein Wasser. Das geschieht einfach dadurch, daß es mit Rettich zu Wasser gemacht und dieses Wasser danach destilliert wird und sodann mit Saft von *plantago* (Wegerich), *chelidonium* (Schöllkraut), *serpentina, consolida* zu gleichen Teilen vermischt wird. Das wird, was die austrocknende Kraft angeht, den 24. Grad noch übertreffen.

Item: auch mit dieser Kur und Zubereitung ist viel vermacht. Mit solchen Zusätzen nämlich werden der Hämorrhoidenfluß, das Profluvium (abnorm starker Ausfluß), die Dysenterie (Ruhr) und andere Bauchflüsse (Durchfälle u. krankhafte Ausflüsse) geheilt, denen auf andere Weise nicht zu wehren ist. Denn dermaßen steigert sich dieses Wasser durch solche Zusätze, daß damit mehr geheilt wird, als es allen Syrupen, Purgazen und Arzneien aus der Apotheke auch nur annäherungsweise möglich wäre; denn sie bleiben alle nur im 4. Grad, höher können sie nicht aufsteigen. Hier wird aber das Salz bis in den 24. und 32. Grad hinaufgebracht, das ist dann stärker als die Krankheiten und kann sie mit Gewalt zur Gesundheit nötigen. Entsprechend gilt das auch für Schäden, Krätzen, auch für Wunden und anderes Vergleichbares.

Item sind auch andere *praeparationes* möglich, nach einem anderen Verfahren, die das Salz auch zum höchsten, zum 24. Grad, bringen. Z. B. sollen Salz und Salpeter in gleichen Mengen zusammengemischt und bis zum Fluß und Guß calziniert werden. Dann sollen sie zu einer Flüssigkeit gelöst werden: diese erreicht eine austrocknende Wirkung im 24. Grad. Diese *praeparation* ist vortrefflich, die solltet ihr merken und behalten: ihre austrocknende Tugend arbeitet so subtil und so gründlich, daß ihr nichts gleichkommt. Wenn du nun noch höher steigen willst, so füge die austrocknenden Zusätze hinzu, die ich vorher dargestellt habe, dann wirst du einen noch größeren Grad der Wirksamkeit erreichen. Destillierst du es noch weiter, so erreichst du wieder eine höhere Gradierung; durch derartige *addition* und *praeparation* kannst du den 32. Grad erreichen.

Es ist auch nicht schlecht, wenn das Salz lange genug *reverberiert* (mit starkem Feuer erhitzt) und nach der Reverberation einem der – je nach Belieben oder Bedarf ausgewählten – obengenannten Säfte zugemischt wird, oder nach all dem zu Wasser oder zu seinem *liquor* (Flüssigkeit) destilliert wird, wie oben erwähnt.

Item gibt es noch einige *fusiones* (Güsse) über das Salz, wodurch dessen Gradierung auch erhöht wird. Nämlich: begießen mit *bolus armenicus*, mit *terra sigillata* (fettige Erden), mit *chimolea* (Art von Lehm), mit *flos aeris* (Grünspan), mit *thutia* (Rohgalmei, Zinkkarbonat), mit *calaminari* (Zinkspat) etc., und nach dem Guß soll es sich von selbst lösen – das erhöht die Gradierung sehr.

Item kann man auch *sal nitrum* (Salpeter) zugießen, und so eine Mischung dazu, es danach in seine Flüssigkeit lösen, wieder über die *faeces* (Rückstände) schütten, einige Male abtropfen lassen. Es eignet sich dadurch eine mächtige zusammenziehende und bindende Kraft an, sodaß es nichts gibt, das nicht davon ausgedorrt und zusammengezogen wird. Um zu dieser Erhöhung des Grads zu kommen, soll man *crocus martis* (Kupferoxyd), *cerussa* (Bleiweiß), *flos aeris* (Grünspan) dazu addieren.

So sollt ihr auch wissen, wenn ihr es nach einem solchen Prozeß, nach der eben beschriebenen Verflüssigung nämlich, mit *suco de immaturis acatiis* (wahrscheinlich: Saft von unreifen Schlehen) vermischt, daß es dann nichts Besseres gibt zum Zusammenziehen, Austrocknen und Ausheilen von Grund auf.

So hab ich es für gut gehalten, das Salz mit seinen Tugenden, seinen *correctiones* und *additiones* zu beschreiben, woran die *Herbarien* und deren Verfasser nicht gedacht haben und es auch nicht verstanden haben, den wahren Grund der Dinge zu erforschen, damit aus ihrem 4. Grad der 24. würde und der 32.! Dann ist nämlich erst gut heilen. Wo solche kräftigen Arzneien angewendet werden, da kann die Natur fröhlich mitstreiten! Viele Leute haben sich Mühe gegeben, *Herbarien* oder über *die natürlichen Dinge* zu schreiben, aber wenn man die Bücher anschaut, so sind sie nichts anderes als vom Hörensagen geschrieben, und dieses Hörensagen ist mit allen möglichen Lügen durchsetzt. So machen sie Bücher vom Hörensagen, und im Grund wissen sie nicht, ob es wahr ist oder erlogen. Dann kommen die Erneuerer, die Modernen etc. und stoppeln von dem und jenem zusammen und machen auch Bücher, wissen aber nicht, ist es wahr oder erlogen. Freilich, die Beschreibungen solcher Skribenten sind größtenteils erlogen, nach dem Motto: der sagts, der sagts auch etc. Wenn man fragt, wer hats dir gesagt, so kommt es auf Nonnen und alte Weiber heraus, im Grunde ist es eine Vermutung, und: ich hab gemeint und vermutet... Jemand, der über *die natürlichen Dinge* ein Buch schreiben will, soll sich nicht auf diejenigen beziehen, die nur aufgrund von Hörensagen reden und schreiben, sondern soll auf diejenigen seine Kirche bauen, die aus der Erfahrung sprechen. Dann ist es nicht das Geschwätz, das Mönchsgemurmel oder das Gerede alter Weiber, von denen die Kräuterbuchautoren ihre Grundlagen beziehen. Sie bauen ihre Kirche in den Sand, deshalb ist die Krankheit stärker als sie und ihre Arznei. Das ist der Guß, der ihren Tempel wegspült, das ist ihre Kunst und Hörensagen. Es gibt jetzt viele Autoren für dieses Gebiet, denn sie haben Muße genug, um Lügen zusammen zu tragen. Es ist schnell geschehen, man machts hinter dem Ofen, fragt nicht danach, ob es wahr sei oder erlogen. Wenn sie sich selbst nur einen Namen machen – das ist ihr Grund! Die Welt will betrogen sein, darum betrügen sie, plündern Poeten und Rhetoriker aus und machen Ernst aus einem Spaß, aus einem Possen eine Wissenschaft. So schreiben sie und machen Bücher, mit denen nichts auszurichten ist.

Von der englischen Distel (Stengellose Eberwurz)

Die Wurzel der englischen Distel ist von solcher Natur: wenn sie am Wirken ist, worin sie dem Mond gleicht, so zieht sie von einem andern die Kraft aus und gibt sie demjenigen, der sie während dieser Zeit trägt. Nun erfahret hiermit, wie das auf natürliche Art und Weise zugeht. Erstens merkt euch, daß alles, was die Kunst (die Alchimie) vollbringen kann im Licht der Natur, das kann die Natur auch vollbringen ohne diese Kunst. Zum Beispiel: ich behaupte, die Kunst kann den Pflanzen eine Arznei oder Kraft nehmen, sie aus den Kräutern etc. ausziehen und sie dem Menschen geben. Das wird durch die Arznei bewiesen: man *nimmt* sie von den Kräutern und *gibt* sie dem Kranken. Ebenso vermag es auch die Natur, die Arznei aus dem Wasser, aus der Erde, aus dem Gestirn zu nehmen und sie in einen Leib – Kraut oder Stein – einzufassen, und dann dasjenige, was sie von überallher genommen hat, dem Menschen zu geben in einem Kraut oder Samen.

Wenn das nun natürlicherweise, von sich aus, so ist, so sollt ihr auch erfahren, daß es sich nicht nur hier so verhält, sondern noch viel wunderbarer, wenn man zum Grund der Arznei und der natürlichen Kräfte vordringt. Was tut das Wasser? nimmt dem einen, gibt dem andern; anders das Feuer, nimmt alles, gibt nichts. Entsprechend gibt es Arzneien, die dem einen nehmen und es einem andern geben, daneben auch andere Kräfte, die nur nehmen und gar nichts geben.

Ein Spruch aus dem Evangelium sagt: nehmet dem, der das eine Talent hat, und gebt dem, der zehn Talente hat etc., und was er nicht hat, das soll man ihm auch nehmen. (Matthäus 25,28ff). Nun, einem andern die Stärke nehmen, ist ein gewaltiges Nehmen, wenn aber der andere nichts tut mit dieser Stärke, wenn er sie nicht braucht und sie umsonst bei ihm liegt, dann ist es billig, daß sie ihm genommen werde, insbesondere weil die Natur dazu verhelfen kann. Viele Dinge gibt es, die etwas nehmen, es aber niemandem wieder geben. Daneben gibt es andere, die nehmen *und* geben. Daneben gibt es einige Sachen, die dem Menschen die Vernunft nehmen und ihn toll und wild machen, aber niemand empfängt sie, die Vernunft. Und andere Dinge gibts, die dem einen die Weisheit nehmen und sie einem andern geben. Das kommt alles ursprünglich von den Ägyptern, die mit Hilfe ihrer *gamaheu* (magische Steine) das Glück von einem Menschen genommen haben und es einem unglücklichen gegeben haben, ebenso Sieg und Siegeskraft von einem genommen. Denn die außerordentlichsten Siege, die Alexander Magnus und Julius Gaius Caesar gewonnen haben, sind ihnen nicht durch ihr eigenes Schicksal vorgezeichnet gewesen, sondern von anderen »entwendet« und ihnen gegeben worden; und nicht nur diesen beiden, sondern noch vielen anderen, denn das ist außerordentlich oft vorgekommen. Die Erfinder und Verfertiger der *gamaheu* sind die Magier gewesen, denn das ist eine Spezies der magischen Kunst.

Es ist von vielen Steinen zu berichten, die geborene, d. h. von Natur aus, *gamaheu* sind, die Liebe machen, Freundschaft, Feindschaft, Frohsinn, Leid, Sieg, Verlust, Glück und Unglück, gelehrt, ungelehrt, hochgeboren, niedergeboren. Aber alles, was da ist, und dem einen genommen wird, wird einem anderen gegeben gemäß dem Wesen natürlicher *influxion* (Einfluß, Einströmen). Was aber der Natur aus ihrer angeborenen Art heraus möglich ist, das ist auch der magischen Kunst möglich, und es liegt im natürlichen Vermögen. Und alle natürlichen, geborenen *gamaheu* heißen, um sie kenntlich zu machen, »englisch« (engelgleich) – wie *cardo*, die Distel. Weil sie ein geborener *gamaheu* ist, imstande, einem andern die Kräfte und die Stärke zu nehmen, heißt sie *angelicum*. Den Zunamen bekommt sie darum, weil man diese Wirkung in der Natur für »englisch« gehalten hat. Diese Art Steine ist ganz ausgestorben und ist unterdrückt worden, so daß weder die Großen noch die Kleinen sie mehr besitzen. Wenn etwas gut ist und zu Bösem benutzt wird, ists nur billig, daß man es hinwegtue. Man denke an die hübsche Frau, die 7 Männer gehabt hat, die sie alle ihrer Schönheit wegen genommen hatten, aber der Teufel hat ihnen allen die Hälse gebrochen und sie erwürgt. Deshalb: was gut ist und übergut, soll lieber verborgen als öffentlich sein. Insbesondere: je länger die Welt steht, desto böser wird sie, des Argen wegen, das in ihr ist, und weil keine Gottesfurcht bei den Menschen ist.

Jetzt sollt ihr auch begreifen, daß die englische Distel eine solche Kraft hat, durch natürliche *influxion* in sie verordnet, denn das ist ihre *praedestination*, in der sie stehen soll. Denn das ist *praedestination*: wenn Gott etwas Besonderes wirken will durch die Natur, etwas, was eigentlich über die Natur hinausgeht, etwas besonders Geheimnisvolles oder höchst Wunderbares, dann ist das göttliche *praedestination*, d. h. etwas ist dazu bestimmt, daß es das vollbringen soll. So verhält es sich auch bei den Menschen, einige sind Propheten, Apostel etc. – die sind in der *praedestination* gewandelt, darin, wozu sie prädestiniert und auch von Gott übernatürlich begabt worden sind. *praedestination* ist also nicht in allen, sondern in denjenigen, die Gott sich eigens vornimmt. Die aber die Natur prädestiniert hat zu ihrer Kraft, die können das in sie Gelegte tun oder nicht tun, es hängt von ihnen ab und davon, wie sie die Natur treibt. *Praedestination* ist also in der englischen Distel aus der Natur: aber von Gott verordnet, daß es so sein muß, d. h. daß sich die Kräfte so zeigen sollen und müssen. Denn in den unverständigen Kräutern ist kein Wort wie im Menschen – der wie ein Rohr im Wasser steht für und für – das da erfüllt werden muß. (*compelle intrare*) (»Nötige sie, hereinzukommen«, cf. Lukas 14,23). Das heißt: wenn Gott einen Apostel haben will, muß er ihn mit Gewalt treiben und führen, wohin er nicht will. Wills die Natur erzwingen, so muß sie das auch tun. Wo das Vermögen nicht ist (»Nötige sie, hereinzukommen«), da ist es nichts mit der *praedestination*, weder durch Gott noch durch die Natur, sondern der Mensch verfällt in seinen üppigen Eigenwillen, was kein Kraut und keine Wurzel tun kann.

Nun ists so, daß es viele Menschentypen gibt, denen man nichts nehmen kann, viele, denen ganz leicht ihre Kraft genommen wird. Den Löwen, Steinböcken, Skorpionen, Widdern wird nicht leicht ihre Kraft genommen, wohl aber den andern. Den Stieren auch selten. Und im zunehmenden Mond am häufigsten und am leichtesten. Die Prozedur und die *ordnung* ihres Ausgrabens und ihrer Anwendung braucht nicht hierhergesetzt zu werden; da die Humoralärzte und ihresgleichen Leser dieser Schrift sind und sein werden, was nützt es dann, die Perlen vor sie zu werfen? Sie werden nur in den Kot getreten.

Wer von dieser Wurzel nutznießen will, der kann nur durch große Arbeit hinter ihre Kraft kommen, denn ohne daß sich einer große Mühe gibt, tut sie nichts. Ich hab einmal gesehen, daß ein Mann im Elsaß, von Ruffach nach Sulz, ein drei Zentner schweres Faß Wein auf sich gebunden und getragen hat die lange Meile Wegs: der hat 12 Männer zu sich genommen, hat die 12 alle müde gelaufen, so daß sie ihm nicht mehr haben folgen können und matt hinterher gegangen sind. Die 12 sind einige Tage danach ganz geschwächt dagelegen. Nachdem ich das gesehen hatte, wollte ich, nicht lang danach, Kranke, die ganz schwach waren, auf diese Weise stärken. Ich stellte starke Leute zu einem Kranken und gab ihm genug von der Wurzel, damit er keinen Mangel hätte, aber es half nichts. Das ist mir einige Male passiert. Es ist wohl so, daß die Wurzel demjenigen, der außerordentlich arbeitet, hilft. Je stärker seine Arbeit, um so kräftiger hilft die Wurzel, während die Nebenarbeiter, die bei ihm sind, alle erliegen. Wichtig ist nur, daß man Tag und Stunde kenne, wann die Wurzel zu gewinnen sei.

Wahr ist auch, daß einige sich mit fleißiger Arbeit angestrengt und in aller Stille verschiedene Leute zu sich genommen haben und haben sich selbst damit in eine derartige Kraft gebracht, daß in ihnen die eigene Natur alle ihre Krankheiten aufgespürt und mit Gewalt ausgetrieben hat – Geschwüre sind durch Harn und Stuhlgang abgegangen, Würmer sind abgegangen – und sie sind daraufhin ganz gesund geworden. Solche Wirkungen sind oftmals geschehen. Deshalb ist die Wurzel für Menschen, die stark sind und arbeiten wollen, sehr gut zu gebrauchen, um deren verborgene Krankheiten herauszufinden. Denn diese Kraft treibt jede Krankheit aus. Daraus folgt also, daß die Wurzel Kraft genug verleiht. Dazu gehört noch folgendes: wenn von einem Menschen die Kraft ausgezogen wird, so schlägt der ihm nach, der sie erhält. Ist der andere ein Wüterich, dann wird es dieser auch, ist jener mitsamt seiner Stärke unflätig, so wird es dieser auch, ist jener faul damit, so wird dieser auch faul. Denn in der Stärke eines Mannes ist auch eine angeborene Eigenschaft enthalten, die mit ihr einher geht, so daß *virtus* und *vis* (Tugend und Kraft) miteinander einhergehen, ebenso *vires* und *mores* (Kräfte und Sitten), *materia* und *inclinatio* (Stoff und Einfluß der Gestirne).

Von den Korallen

Bei den roten Korallen findet ihr zweierlei Natur: denn von anderer Art sind diejenigen, die ganz dunkelrot sind, ins Braune oder Schwarze gehen, als die Art, die ganz leuchtend rot ist. Und wie sie in den Farben Gegensätze sind, so gehen sie auch in ihren Kräften und Tugenden verschiedene Wege. Es gibt noch eine Art, die ist bleich und hat gar keine besonderen Kräfte. Denn je bleicher eine Koralle ist – das gilt für die braune und die rote Art –, desto mehr ist sie in ihren eigentlich korallischen Tugenden geschwächt und um so weniger Nutzen oder Wert hat sie.

Nun vernehmt das verbürgte Wissen von den Korallen, nämlich, daß die roten, leuchtenden Glanzkorallen, wenn sie einheitliche Farben, keine Durchzüge, ganze Zinken und keine Verstümmelungen haben, in voller Kraft stehen. Wo aber Durchzüge sind, ist die Tugend nicht vollkommen erhalten. Auch wo sie verstümmelt sind, verlieren sie soviel an Kraft wie ein Baum, dem Äste abgebrochen oder abgehauen werden und der darum um so viel weniger Frucht trägt; soviel Kraft geht auch den Korallen verloren, sowohl den braunen als auch den schönen roten. Auf Lateinisch nenne ich die schönen Korallen: *coralli rutilantes* – d. h. *rutilans* (rotglänzend) *corallos*; die braunen, die ihr Widerpart sind *coralli caliginosi* (düster, dunstig).

So wie die roten Korallen fröhlich und lieblich sind, ebenso unfröhlich und unfreundlich sind die braunen, in allem der Gegensatz. Deshalb, wenn man sich Korallen umhängen und sie tragen will – das gilt für alte und für junge Leute –, soll man sich vor den braunen hüten und sich an die leuchtend roten halten. Denn insoweit ein Unterschied ist zwischen Freude und Traurigkeit, Lachen und Weinen, insoweit ist auch ein Unterschied zwischen den roten und braunen Korallen. Also soll man genau darauf achtgeben, daß die schönen Korallen genommen werden und nicht die dunklen, wegen des großen Gegensatzes, in dem sie zueinander stehen. Denn wenn jemand einem Bedrückten zu einem fröhlichen Gemüt verhelfen will und nimmt von den braunen, so vermehrt er dessen Krankheit und Schwermut.

Zuerst sollt ihr nun die Tugenden der schönen Korallen erfahren, nämlich daß sie gegen *phantasia*, gegen *phantasmata*, gegen *spectra* und gegen *melancholia* gut und wirksam sind. Es folgt zunächst eine Erklärung, was *phantasia, phantasma, spectrum* und *melancholia* sind, damit ihr die Unterschiede zwischen diesen Krankheiten zu erkennen wißt und somit die Korallen gemäß dem Wesen jeder dieser Krankheiten gebrauchen könnt.

Phantasia ist, wenn ein Mensch sich ohne Ursache vornimmt, über vielerlei Dinge herumzusinnieren, über Wissenschaften, Weisheit, Kunstfertigkeiten, Gelehrsamkeit etc. Er hat aber nichts in der Hand, wie er es gerne hätte, sondern phantasiert dem allen nach, d. h. er sinniert herum, wie ers dahin und dorthin brächte. Nun sind es die schönen Korallen, die ihn im Guten belehren helfen, d. h. sie lassen ihm nichts Unreines in den Sinn kommen, weder Gedanken, die vom Teufel, noch solche, die von andern Wesen kommen, die den Menschen auf dem Weg über seine Phantasie verführen möchten. Die braunen aber verhelfen ihm zum Gegenteil: zur Verführung durch diese Phantasien.

Phantasma: es sind Nachtgeister, die aus der Natur kommen, die etwas menschlichen Verstand haben und den Menschen suchen, über den sie verfügen könnten. Es gibt viele Arten, gute und böse, zwar nicht sichtbar, aber doch bei den Menschen wie Hunde, die die Menschen auch lieben und um sie sind. Nichts ist an ihnen, nichts ist bei ihnen zu finden, es sind leere Geister, nur fähig, den Menschen zu beschweren und zu belästigen. Diese fliehen vor den roten Korallen wie ein Hund vor der Rute, aber zu den braunen fliehen sie hin und vermehren sich dort. Sie sind das gleiche wie Incubus und Succubus, die durch das Phantasieren entstehen.

Spectrum: Das sind die Erscheinungen, die vom astralischen Körper des Menschen, der gestorben ist, herrühren. Denn ein Mensch hat zwei Körper, einen aus den Elementen, den andern aus dem Firmament. Der aus den Elementen stirbt und fault in der Erde, das ist der, der dort begraben wird; der andre schwebt in den Lüften und auf der Erde etc. Wo nun ein ätherischer Körper eines gestorbenen Menschen gesehen wird, ist das ein *spec-*

trum; diese *spectra* fliehen vor den roten Korallen, den braunen aber nähern sie sich.

Melancholia ist eine Krankheit, die einen Menschen befällt, so daß er mit Gewalt traurig wird, schwermütig, triste, verdrossen, unmutig und auf seltsame Gedanken und Spekulationen, in Traurigkeit und Weinen etc. verfällt, wozu ihn sein Gemüt treibt. Diese Melancholie geht durch die roten Korallen hinweg, durch die braunen verstärkt sie sich.

Dies alles wollte ich euch zur Kenntnis bringen, damit ihr die Gegensätzlichkeit der Korallen verstündet; darum hab ich euch die 4 Erscheinungen zur Belehrung vorgeführt.

Zusätze Theophrasts, die Gründe betreffend

Nun muß ich euch die Ursachen dieser Dinge darlegen, die Kraft und Macht der Korallen betreffend, denn es könnten vielleicht manche meinen, das sei nicht natürlich, sondern abergläubisch zu verstehen. Folgendes ist die Ursache: die vier oben genannten Krankheiten sind alle vier aus der Natur und nicht wider die Natur, auch nicht vom Teufel oder einem anderen Gespenst, das vom Teufel kommt. Wenn sie nun natürlich sind, wie es die *astronomia*, die *compositio humana* (die menschliche »Zusammensetzung«) und die *putrefactio microcosmi* (die Fäulung oder Verwesung des elementischen Leibes) erweisen – es ist nicht nötig, das hier weiter auszuführen –, so hat die Natur gegen alles das, was natürlich ist und aus der Natur kommt, ihr geheimes und wunderbares Gegenmittel. Gegen diese vier Krankheiten sind die Korallen nur eines der natürlichen Geheimmittel – es gibt deren noch mehr. So hilft Natur gegen Natur, d. h. ist *wider* die Natur und *mit* der Natur; denn die roten vertreiben sie und die braunen halten sie fest und das alles aus den natürlichen Kräften heraus und innerhalb des Natürlichen.

Weiter von den Korallen und ihren Kräften

Sie vertreiben das Unwetter – Blitz, Schauer und Hagel; wohin sie gemäß der ihnen eigenen *ordnung* verfügt werden, da geschieht nichts durch Unwetter.

Zusatz Theophrasts, die Natur betreffend

Da wir aus eigenem Verstand ein Dach gegen den Regen machen können, eine Stube für den Winter und Schatten gegen die Sonne, daß sie uns nicht steche, so wißt, daß auch die Natur das gleiche vermag und zwar so gut, wie wir es nicht vermögen, so daß *ohne* ein Dach usw. das Gewitter weder einschlagen noch auf andere Weise Schaden tun kann. Kann die Natur ein derartiges Unwetter am Himmel machen, so kann sie auch einen Schutz dagegen machen. Zum Exempel: sie kann Krankheit machen, aber auch eine Arznei dagegen; also für alles aus der Natur herrührende Schädliche ist auch ein Gegenmittel von der Natur geschaffen zu dessen Bekämpfung. Darum hat Gott denjenigen geschaffen, der das versteht, aber das Gleiche auch von der Natur her geschaffen.

Weiter: Sie vertreiben die wilden *monstra*. Ein *monstrum* ist das, was der Himmel ausbrütet entgegen der *ordnung* der Natur. Er brütet ein *sperma* aus, aus dem ein *monstrum* wird; das ist ein Tier, das nicht in der Reihe der Geschöpfe steht. Solche widerwärtigen *monstra* sind dem Menschen ganz besonders zum Abscheu und werden oft für Geister gehalten, für Teufel und dergleichen, und zwar deshalb, weil nicht die natürliche *ordnung* sie geboren hat, sondern die Widerwärtigkeit selbst. Auch solche *monstra* tilgen die Korallen aus.

Zusatz Theophrasts

Der Grund ist: von der Natur her stammen die *monstra* und sind aus Natur gemacht, aber eben gegen die Natur; darum hat die Natur von Gott einen Schutz empfangen, damit auch in der Natur das nach natürlicher *ordnung* wachse, das jenes vertreibt, was von der Natur wider die Natur hervorgebracht wird, wie z. B. die *monstra*, von denen in der Schrift *de generationibus rerum* und *monstrorum* (Von der Erzeugung der Dinge und der *monstra*) weiteres geschrieben steht, was hier zu berichten nicht nötig ist.

Weiter: Diese Korallen, aufgesetzt, getragen, befestigt an einer passenden Stelle, vertreiben den Teufel, das heißt, seine Geister, welche die Leute zu besitzen versuchen, die umherschweifen, von denen es viele gibt im Umkreis der Menschen, unsichtbar; die den Menschen lehren, zu lügen, zu betrügen etc., ohne daß er weiß, daß es von ihnen kommt. Solche Geister treiben die Korallen auch hinweg von den Personen, bei denen sie sich verborgenerweise aufhalten, um sie zu versuchen, und machen frei von Lügen und Betrug.

Der Grund ist folgender: gleicherweise wie der Teufel vor der Sonne flieht und nicht unter ihr sein mag, wie er den Tag und das Licht haßt und die Finsternis liebt, sowenig kann er bei den Korallen verweilen, weil Gott sie wunderbar, über andere Gewächse hinaus begabt hat, so wie die Sonne über alle Sterne. Unter allen Sternen kann der Teufel sich aufhalten, doch nicht unter dem Gestirn der Sonne; genauso wenig kann er bei den Korallen sein. Denn die roten Korallen entsprechen in ihren geheimen Kräften der Sonne, die braunen dem Mond. Bei den braunen verweilt er gern, wie auch bei Mondschein.

Wo sie sind, da mehren sie die Frucht auf dem Feld, auf dem Akker und im Garten.

Auch *das* Geheimnis und Mysterium liegt in den Korallen, daß sie den Acker behüten vor den Vögeln, die ihm Schaden zufügen, und vor Würmern, vor Ungeziefer und vor allem, was die Nachtgeister anrichten, die nämlich viele Äcker verderben und beschädigen. Denen leisten sie Widerstand und vertreiben sie. Und so mehren sie die Früchte des Ackers. Denn die Ackerfrucht erleidet starke Schäden durch die Nachtgeister, d. h. also durch die *siderischen corpora* (die astralischen Leiber, cf. *spectra*).

Zusatz Theophrasts

Die der Koralle eigene Gestalt ist am Stamm zu erkennen, der Bauch und Rücken deutlich bezeichnet. Daraus folgt, daß die rechte und die linke Seite leicht zu erkennen sind, und so soll die Koralle auch getragen und gebraucht werden. Wo man aber diese Form nicht findet, da ist auch ein Mangel an Kräften und Tugenden derjenigen Koralle, denn sie stellen den ganzen Menschen dar! Und oft wird nicht nur der Leib in dieser Form gefunden, sondern die Gesamtheit des Leibes mit Nerven und Adern. Und je mehr Äste, desto besser! Man soll die Koralle so umhängen, daß der Rücken nach hinten, der Bauch nach vorne sieht, damit sie mit dem Körper dessen, der sie trägt, übereinstimme.

Die Kraft der Korallen

Für schwangere Frauen und Kindbetterinnen sind sie nützlich und gut, weil diese Frauen besonders viele krankhafte Zustände haben und auch mehr Betrübnis und Anfechtung als die Männer. Daraus folgt, daß die Frauen nicht ohne Korallen sein, sondern die glänzendsten und auserlesensten haben sollen.

Zusatz Theophrasts

Nun muß ich euch weiteres von der Art der Korallen berichten: Es ist bekannt, wie der Teufel in die Menschen fährt; noch viel öfter fährt er aber in die Tiere – Hunde, Säue, Vögel –, an denen der Mensch sein bloßes Vergnügen sucht; und fährt auch in den Reif, das Gewitter, den Blitz, den Hagel und dergleichen mehr. Daraus folgt: weil also die Natur von den unreinen Geistern besessen wird, daß die Natur sich auch durch eigene Kraft wieder zu erlösen vermag; d. h. weder durch sich selbst noch durch selbsteigene Kraft, sondern durch etwas ihresgleichen, was der Natur von Gott als eine Stärkung mitgegeben worden ist. Gleicherweise wie eine Arznei gegen die Krankheit hilft, so hilft der Natur auch eine Arznei gegen böse Geister, wie gegen böse Krankheiten. Darum sollen die Korallen ohne Unterlaß gebraucht werden, weil sie so Gott begabt sind wie die Arznei von der Erde begabt ist, nämlich, bei allen Krankheiten zu helfen.

Mehr von der Kraft der Korallen

Sie stillen alle Flüsse der Gebärmutter, sowohl rote als weiße, und bringen sie in die rechte Ordnung.

Item ebenso alle Flüsse des Bauches, rote Ruhr, weiße Ruhr und andere Bauchflüsse bei Jungen und Alten. Item sind sie für die Frauen gut zur Geburt, damit sie fröhlich niederkommen und gesund gebären.

Item geben sie gute Säfte, machen fröhlich und leichtmütig, und mäßigen alle Grobheit der Natur im Gemüt.

Item stillen sie das Blut an Adern, Nase, Wunden und an der Goldader (Venen des Mastdarms). Item lösen sie den Krampfanfall und setzen die Natur so instand, daß die jeweilige Person nicht fallsüchtig ist oder wird.

Item befreien sie Junge und Mittelalte von der Fallsucht, was eine gewaltige Leistung ist.

Zusatz Theophrasts

Was die *correction* angeht, so merke, daß ich hier die spezifische Form weder korrigieren kann noch will; denn was Gott in seine Perfektion gesetzt und zu seinem Grad bestimmt hat, das kann niemand niederer oder höher machen. Was aber ihre *forma esse essensificati* (Essenz) angeht, so will ich, wie ich billigerweise darf, die Möglichkeiten der *correction* und *addition* der Korallen darstellen. Denn höchst wunderbar sind ihre *mysteria, aracana, magnalia* und *secreta* (wunderbare, von Gott in sie gelegte, geheimnisvolle Kräfte und Tugenden), darum will ich es nicht unterlassen, zu korrigieren und zu addieren und will nicht so voreilig darüber hinweggehen wie die Skribenten, die auch von den Korallen schreiben; deren Schriften sind wie ein Bild, das ein Maler abmalt, ohne zu wissen, wer das eigentlich ist oder was es ist. So sind die Abmaler.

Es ist aller *philosophi* Brauch von Anfang an gewesen, daß das Gute vom Bösen geschieden werden soll, das Reine vom Unreinen, d. h. daß alle Dinge sterben sollen, die Seele nur soll bleiben. Weil nun die Seele bleiben soll und das andere, was der Leib ist, faulen – und es sei denn, daß ein Same faule, sonst bringt er keine Frucht –

was heißt denn faulen? Allein der Leib fault nämlich, das Gut, das Wesen, die Seele fault nicht; das soll man vom Faulen nehmen. Wenn man das herausgenommen hat, so ist darin allein die Perle zugegen, in der alle Tugenden sind.

Begreift nun, daß es bei der Koralle ebenso ist: nämlich wenn ihr die Perle ausgezogen wird, bleibt ein großer stofflicher Rückstand, denn die Perle ist allemal ganz klein im Vergleich mit dem Rest, der nichts bewirkt. Nun sollt ihr also wissen, daß die Perle der Korallen dermaßen ihre Tugend erweist, daß sie alle unguten Flüsse der Frauen stillt ohne nachteilige Wirkungen auf den Leib. Denn womit man i. a. solche Flüsse bei Frauen stillt, erzeugt oft an einem andern Ort im Leib etwas Schlimmeres; damit jedoch nicht! Dies Mittel ist genau und rein in seiner Heilwirkung und verursacht keinen weiteren Schaden. Denn es ist eine solche Arznei, daß man ihresgleichen nicht für einen Schatz erlangen kann. So wirkt sie auch auf die Flüsse des Bauches, wie immer die seien und woher sie auch kommen, und auch, wenn die Frauen im schlimmsten Grad darniederliegen – es bringt sie wieder hoch; das gilt ohne Ausnahme bei allen Flüssen.

Solche hohen Gaben und Vortrefflichkeit in allen Tugenden, wie oben beschrieben worden ist, hat Gott der Perle (wohl: Quintessenz der Koralle) gegeben. Nimmt man sie ein, so stillt sie jede Blutung, wodurch diese auch verursacht sei, und die Krampfanfälle bei Frauen, Kindern und Männern. 10 oder 15 Tropfen davon helfen gegen jede Art von Krampf. Und wer das 5 Wochen nacheinander einnimmt, wird von epileptischen Anfällen befreit.

Dazu kommt, daß noch eine *addition* möglich ist, nämlich mit dem *secretum carniolae* (vielleicht: Quintessenz des Carneols). Um so stärker ist die Wirkung; auch wenn man *vitrum martis in liquida forma* (Eisenglas in flüssiger Form) dazutut. Die erste *addition* dann, wenn etwas zu stillen ist, die zweite bei Krampfanfällen und Fallsucht, – gut *in circulatorio rectifiziert* (mehrfache Destillation im alchimistischen Kolben). Aber nicht in dem, von dem der Artist spricht, der meint, er sei ein Alchimist, und der doch gar nichts ist als ein leerer Schwätzer.

Von den Kräften des Magneten

Zunächst ist es nötig, euch zu unterrichten, daß im Magneten eine anziehende Kraft ist, daß also der Magnet auf wunderbare Weise, über alles natürliche Verstehen hinaus, Eisen, Stahl und noch vieles mehr an sich zieht. Nun ist diesmal mein Argument, daß eine solche Kraft im Magneten so offensichtlich vor den Augen aller Ärzte liegt und doch nicht weiter untersucht wird, ob *magnes* auch sonst zu gebrauchen wäre für andere notwendige Dinge, oder nicht. Alle Ärzte haben die weitere Nachforschung bleibenlassen und sich mit ihrem Küchengeschwätz beholfen, das sich nicht ehrenvoll verantworten läßt; wo sie doch einen solchen Gegenstand haben und offensichtlich seine Wirkung sehen und nicht damit arbeiten zur weiteren Erforschung!

Wenn ich nun alle Tugenden anführte vom Magneten, die die Alten schon alle beschrieben haben, so hätte ich doch nichts geschrieben, sondern wenn *ich* vom Magneten schreibe, dann ist es vonnöten, daß ich mit der *addition* und *correction* hervortrete, und die andern alle mir langsam hinten nach folgen.

Man reibt mir oft unter die Nase – die lausigen Doktores und Apotheker nämlich, die nicht mehr Verstand haben –, ich wolle den alten Autoren nicht folgen. Wieso soll ich denen folgen, die Unbegründetes berichten? Denn seht es nur beim Magneten an, was sie von ihm schreiben, das ist so viel wie nichts, und seht an, was ich schreibe, und legt es gegeneinander auf die Waage!

Hätte ich mich nicht selbst auf die Erfahrung verlegt, durch die Lektüre der Alten wäre ich stockblind geblieben in der Arzneikunst, ohne Augen. Aber da ich denen nicht folge, sondern mehr suche, hab ichs nicht mehr nötig, ihnen zu folgen. Diese meine *experienz* (Erfahrung) bringt mich dahin, daß ich ihr und nicht ihnen folgen muß. An der langen Rede soll keiner Anstoß nehmen, die ich hier halte. Es ist so, ich hab noch gar nicht vom Magneten angefangen. Aber ich hab es für gut gehalten, euch das zuvor ins Gedächtnis zu rufen.

Die alten Autoren sagen: der Magnet zieht Eisen und Stahl an. Und das ist wahr; dazu bedarf es allerdings keines Autors, es siehts ein jeder Bauernknecht. Nun ist aber meine Frage, ob es denn schon genug sei mit dem, was jeder Bauernknecht sieht, oder ob noch etwas anderes da sein könnte, was der Bauernknecht nicht sieht? Mir scheint es recht und billig, weiter einzudringen und mich mehr zu bemühen und nicht so verschlafen durchzutrotteln. Es sollte sich ein gelehrter Autor schämen, sich mit nichts Höherem als mit einem Bauernknecht zu vergleichen in seiner Wissenschaft. So sage ich aus der Erfahrung, die alle Dinge prüft, und sage aus der Theorie, die aus der Erfahrung hervorgeht, daß *magnes* ein Stein ist, in dem offensichtlich eine anziehende Kraft gegenüber Eisen und Stahl ist – und das liegt am Tag – und *zudem* eine anziehende Kraft gegenüber allen martialischen Krankheiten, die im ganzen Leib sind.

Die alten Humoralärzte haben viel von den vier Säften gesprochen, wodurch sie die Arzneikunst verfälscht haben. Ich dagegen sage, daß das Wesen der Krankheiten nach den Planeten grundlegender erkannt werden kann als nach den Säften. Aber weil sie nur ihre Geige geigen können, sind es halt alles nur die Säftc. Die Erfahrung aber bewahrheitet es, daß der Magnet alle martialischen Krankheiten an sich zieht, sie von einer Stelle an eine andre und dazu das *excrement* zu sich zieht und alles an den richtigen Ort bringt. Es ist nun nötig, euch darzulegen, was martialische Krankheiten sind. Die sinds, die der Magnet unter Beweis stellt, indem er sie anzieht wie Stahl oder Eisen. Bei folgenden Krankheiten beweist er seine Wirkung: bei allen wie auch immer gearteten Flüssen der Frauen; item bei allen wie auch immer gearteten Flüssen des Stuhlgangs; item bei jeder Krankheit, die sich von ihrem Zentrum im Umkreis ausbreitet und die wieder in ihr Zentrum zu bringen ist; item bei der Umkehrung von Flüssen, die die Gewohnheit angenommen haben, von ihrer Wurzel in die Äste zu laufen, die also wieder in ihre Wurzel zurück zu holen sind. Das sind die Tugenden, die *ich* dem Magneten zuschreibe, ohne Rücksicht auf die Stümperei der gelehrten Autoren, sie seien neu oder alt.

Damit alles richtig gehandhabt wird und ich zum Ende dessen komme, weswegen ich hier angefangen habe zu schreiben, sage ich, wo der *magnes* liegen soll, damit das Obengenannte geschieht. So geb ich euch vor allem diesen Rat, daß ihr ihn auf das Zentrum legen sollt, von dem die Krankheiten ausgehen. Zum Exempel: es liefe das *menstruum*, das *profluvium*, rot oder weiß (abnorm starker Ausfluß), dann soll man den Magneten auf das Zentrum legen, d. h. auf die erste Wurzel, wo der Ursprung ist, dann hört der Fluß auf. Oder wenn es sich um einen Durchfall handelte, dann soll der Magnet wieder auf das Zentrum gelegt werden, wo also der Durchfall entspringt, dann geht unten nichts mehr ab. Item andere Krankheiten, die sich – über ihren eigentlichen Sitz hinaus – im ganzen Leib ausbreiten wollen, zieht er wieder in ihr Zentrum zurück, so daß die Krankheiten von dort nicht weiter ausgreifen können. Durch derartiges *divertiren* und *attrahiren* (magnetisches Umkehren und Herziehen) bleiben die Excremente, die auszuscheidenden Stoffe, an ihrem Ort, von wo aus sie dann leicht hinauszuschaffen sind durch die natürliche Ausscheidungsöffnung, kraft der Arznei und entsprechend der natürlichen Ausscheidung und Verdauung.

Doch wenn auch eine Sache zum Stillstand gebracht wird, so ist der Kranke darum ja noch nicht genesen. Es ist aber dann so, daß an ihrem Ort die Verdauung vollständig stattfinden kann und alles reiflich verdaut, nicht unverdaut, abgeht. Auch eine Kolik wird an ihrem Ort behalten, sodaß keine Kontraktur nachfolgen kann. Da wird also die schädliche *materia* an ihrem Ort festgehalten und dort auch digeriert, und nach der rechten *ordnung* der Natur zu ihrer Zeit hinausgetrieben, wobei mit diesem Austreiben zur rechten Zeit sowohl Kolik als Kontraktur aufhören.

Darauf will ich diesmal hinaus, daß mir scheint, es sei kein edlerer Schatz in der Arzneikunst, als eine Krankheit in ihrem Zentrum zu halten, damit sie nicht von dort entweiche, und daß dann der Arzt fähig sei, sie in ihrem eigenen Zentrum zu digerieren und vollkommen ausreifen zu lassen. Wenn das geschieht, dann hört die Krankheit auf natürliche Weise auf, nicht auf unnatürliche, sei sie nun gut oder bös. Aber es einfach herauslaufen lassen, vorzeitig, bei Ausflüssen, bei Durchfällen etc.: das gereicht allen Ärzten zur Schande, daß sie die Krankheiten nicht in ihrem Herd behalten können, sie nicht reifen lassen und reif austreiben, sondern daß sie das Rohe, das Unfertige austreiben. Aber daran fehlt es allen Ärzten, daß sie nichts halten können, und was sie halten, nicht digerieren können; was sie an einer Stelle gut machen, machen sie an der andern zunichte – das ist ihre Kunst!

Weiter erfahrt, daß auf die gleiche Art *hydrops* (Wassersucht) am rechten Ort gehalten und dort digeriert und natürlich ausgetrieben werden kann. Obwohl es für die Wassersucht auch andere Heilwege gibt, so gibt es jedenfalls einen Weg gemäß der Natur des Magneten, einen andern Weg nach ihrer eigenen Natur.

Weil es aber darauf hinausläuft, daß es viele Arzneien für eine Krankheit gibt, jede anders als die andere, soll man darauf schauen, was die Natur vermag und auf welchem Weg sie es vollbringen will. So ist es nicht nur mit den inneren, sondern mit allen wundarzneiischen Krankheiten; denn durch den Magneten wird der Bruch an seiner Stelle gehalten und der Durchbruch geheilt; bei offenen Schäden werden die Flüsse an ihren Herd zusammengezogen und danach durch die entsprechende Ausscheidungsöffnung hinausgeleitet, zu ihrer Zeit, nicht vorzeitig. Also: die Grundlage all dessen ist, daß nur durch den Magneten ein Ding an seinem Ort im Leib gehalten wird, darauf folgen dann die andren Hilfsmittel, die vor Ort wirken, wie sie wirken sollen.

Besondere Verordnungen Theophrasts, den Magneten betreffend, für jede Krankheit gesondert

Damit ihr ein Wissen darüber erlangt, wie der Magnet zu gebrauchen sei, so versteht und erkennt zuerst, daß er Bauch und Rücken hat, um an sich zu ziehen und von sich zu treiben. Zunächst folgt nun etwas über die Ausflüsse der Frauen, und daß sie in ihrem Zentrum behalten werden sollen. Darauf nun das Vorgehen: Der Rücken soll ans Ende der *linea* (wohl *linea alba*, die Linie von der Brust bis zum Schambein), der Bauch an den Anfang der *linea* gelegt werden, beide Teile mit ihren Konkavitäten gegeneinander gerichtet. Dieses Vorgehen gilt nicht nur für rote und weiße Menstruationsflüsse, sondern zugleich für alle Bauchflüsse, wie die auch sein mögen. Auf diese Weise werden die Ausflüsse dieser beiden Krankheiten in ihrem Zentrum behalten. Danach sollen Mittel, um die Krankheiten zu maturieren und zu digerieren, gebraucht werden, die gleichen wie bei einem Magen, der nichts verdaut, sondern die Speise unverdaut aus sich entläßt.

Die Speise wird so lang im Magen behalten, bis du ihn dazu bringst, in rechter Weise zu verdauen – dann geht sie auf natürliche Weise aus ihm heraus. Das Natürliche wird nämlich nicht festgehalten, nur das Unnatürliche, und zwar so lange, bis es natürlich wird. Ebenso soll man auch bei der Gebärmutter verfahren, damit alle Dinge ihr vollkommenes Wesen durch diese natürliche *decoction* (Kochung, Reifung) erreichen und dann gemäß der *ordnung* der Natur den Leib verlassen.

Merkt euch also die *addition*, daß für den Magen und für die Eingeweide entsprechende bekömmliche Mittel zur *digestion* genommen werden sollen, und ebenso auch für die Gebärmutter. Welche – ist hier nicht nötig, dazuzusetzen, sondern ist, wie ich meine, bei euch allen mehr als ausreichend bekannt.

Für das Aufsteigen der Gebärmutter gilt das gleiche: sie soll von dort, wo sie hin will, herunter gezogen werden und zwar durch den Bauch des Magneten, der an dem Ort unten liegen und nach oben sehen soll, und der Rücken des Magneten soll oben liegen, dann bleibt die Gebärmutter in ihrem Zentrum, steigt nicht auf. Wenn sie so in ihr Zentrum gebracht worden ist, dann sollen die entsprechenden Medikamente für die Gebärmutter gebraucht werden, wie *mica nigra* (schwarze Krumen), *corallorum perlae* (Quintessenz der Koralle?) und dergleichen mehr; dann wiederholt sich das nicht, und die Kur ist vollkommen.

Eben dieses sollt ihr besonders beim *caducus* beachten – das heißt, bei allen Erscheinungsformen der Epilepsie, d. i. der Fallsucht – bei denen man wissen muß, von wo sie aufsteigen, ehe sie in den Stirnschädel gehen. Mit dem Magnetbauch ganz nach unten ziehen, den Rücken des Magneten ganz oben anlegen und ganz hinunter treiben; und das nicht nur an einer Stelle, sondern ganz unten an alle Äste des Menschen sollen die Magnetbäuche auf 4 Wege angelegt werden, aber nur ein Magnet mit dem Rücken gegen diese vier gestellt werden, dann treibt es die Krankheit wieder aus dem Kopf in das Zentrum hinunter.

Dazu gehört die *addition: triagummatum* (aus 3 Gummiarten zusammengesetzt) soll gebraucht werden, um von außen den Weg zu stärken, und andrerseits soll man eine Essenz und ein Herzstärkungsmittel eingeben. Hiermit sollt ihr Ärzte und Nicht-Ärzte wissen und verstehen, daß auf diese Weise jede fallende Sucht bei alten und bei jungen Leuten weggebracht wird. Und dieser Paragraph ist mehr wert, als alles, was die Humoralärzte ihr Leben lang geschrieben und gelehrt haben auf ihren Hohen Schulen, vom ersten bis zum heutigen Tag. Und wenn nun diese Ärzte alle so ehrenhaft gewesen wären und so viel Verstand gehabt hätten, anstatt ihres Küchengeschwätzes, das keinerlei Wert und Wirkung hat, und hätten sich nur ausschließlich den Magneten vorgenommen, dann hätten sie mehr ausgerichtet als alle Klapperer auf den Hohen Schulen. Und Magneten gibts genug im deutschen Reich, aber sie wollen mit *transmarinen* (Mitteln aus Übersee) behandeln und erkennen die Dinge vor ihrer Türe nicht; sie sind übersichtig, sie übersehen alles, und kennen weder jenseits des Meeres noch diesseits etwas, das beweist ihr leeres Geschwätz.

So gibt es auch das Verfahren, den Krampf magnetisch wegzuziehen; nachdem er umgelenkt ist zu seinem Ursprung, soll man mit *oleum salis* (Salzöl) salben. Auch beim Tetanus kann man so mit dem Rücken des Magneten arbeiten, und für schwangere Frauen ist er, vornehmlich bei Krampf, die beste Arznei.

Die alten Ärzte und ihre Nachfolger haben viel von der *divertirung* (Umlenkung, Umleitung) von Flüssen geredet, die in Augen, Ohren, Mund, Nase, oder in den äußeren Gliedern sitzen und sich dort selbst Ausgänge schaffen, beispielsweise durch Fisteln, Löcher, Wunden etc. Nun ist dies Unterfangen der Alten wahrhaftig eine Leberwurst, denn an die Hauptsache – das Zurückleiten ins Zentrum – haben sie nie gedacht, noch davon geschrieben, sondern haben nur klistiert, purgiert etc. Die erste Hauptarznei ist nämlich, die Flüsse zurückzuleiten: der *magnes* soll, je nach der Stelle im Leib, mit dem Rücken gegen das Zentrum oder mit dem Bauch gegen das Zentrum gestellt werden, dann kommt jeder Fluß, er sei in seinem selbstgemachten Ausgang wo immer, zurück in sein Zentrum. Dann soll er im Zentrum richtig zugerichtet, nämlich am Ort digeriert und maturiert werden und dann im Reifezustand aus dem Zentrum ausgetrieben werden. Darum seht her, ihr Irrgänger der sogenannten Arzneikunst, ihr wollt die Flüsse umleiten, ganz roh, ohne Ausreifung, aber kein Fluß läßt sich in die umgekehrte Richtung oder an einen anderen Ort treiben, wenn er nicht zuvor maturiert worden ist an seinem Ursprungsort. Nun verratet mir, wie ihr ihn zu seinem Ursprung bringen wollt? Mit Purgieren? Das geht nicht, ihr bringt ihn nicht weiter als in den Arsch und zum Arsch hinaus, aber roh und vorzeitig. Damit führt ihr die Krankheiten auf Abwege. Deshalb lautet die *additio* so: wenn der Fluß an seinem Ursprungsort ist, soll er dort maturiert und danach von der Natur selbst ausgetrieben werden. Die Reifung geschieht durch *esse essensificatum* von *lapidibus vini* (Weinsteinessenz) gemäß der Zubereitung im *lumen expertum* (im Licht der Erfahrung). Auf diese Art sollen auch offene Schenkel, Krebs u. dgl., Fisteln und anderes geheilt werden, ausgenommen allein *noli me tangere* und *tentigo prava* (lepröse Geschwüre), wo immer am Leib die auch sind.

Entsprechendes beachtet auch beim Blutstillen, das Blut komme, von wo es wolle, man soll immer das Zentrum des jeweiligen Ausflusses ins Auge fassen. Dann soll der Bauch des Magneten so ausgerichtet werden, daß er den Blutfluß hinter sich herzieht und der Rücken an den Ort, daß er den Blutfluß von sich wegtreibt. Als *addition* kommt dazu, daß Getränke gut sind und verordnet werden sollen, wenn das Blut wiederum in sein Zentrum gebracht wird und vom Wüten abläßt, von der *ebullition*, (vom Kochen, Heraussprudeln). Es ist nämlich grade wie beim Wasser, das in einem Kochtopf siedet, läßt man es abkühlen, dann läßt das Sieden nach – so auch hier beim Blut. Dazu gehört nach meinem Verfahren *aqua cordis* (herzstärkendes Mittel); ein andrer mag sein bewährtes Mittel gebrauchen, es steht einem jeglichen frei, das anzuwenden, was ihm paßt. Denn was soll ein Arzt, der gar keine Erfahrung hat und nichts kann? Dessen Kunst allein im Abmalen von Büchern besteht, die auch abgemalt sind und nie fundiert waren? Ebenso ist auch das Vorgehen bei Hämorrhoiden, denn ohne dieses Vorgehen mit Reifung und Abkühlung gibt es keine vollkommene Kur. Alles ist mit Feigen zugekleistert, wie es der anderen Autoren Art ist in all ihrem Tun und Lassen.

So hat es mir beliebt,vom Magneten zu schreiben und zwar auf Grund der Natur und des eigenen Vermögens der Natur, wie es die Natur selbst unter Beweis stellt und demonstriert. Und weil sie sich selbst darreicht und ihre Wirkkräfte den Augen offenkundig zeigt, warum wollen dann die, denen die medizinische Gelehrsamkeit anbefohlen ist, nicht anfangen, weiter in die *experienz* (Erfahrungswissenschaft) einzudringen? Denn wo der *philosophus* aufhört, da fängt der Arzt an. Ist nicht in dem der rechte *philosophus*, was der

Magnet selbst anzeigt? Soll nicht dort, wo er aufhört, der Arzt so weiter verfahren, wie es einem Arzt ansteht? Seht, die Natur macht einen Baum, jetzt hört sic als *philosophus* auf; was folgt dann? der Zimmermann. Wo sie aufhört, da soll der Zimmermann anfangen. Der macht nun weiter aus dem Baum ein Haus, der Tischler einen Trog, der Dreher einen Becher, der Schnitzer eine Figur. So soll es der Arzt auch machen, er soll sich das *eine* Zeichen vornehmen, es weiter und weiter auslegen, gemäß der Demonstration der Natur, in welche Richtung sie zeigt und Unterricht gibt, demjenigen soll er auf alle Weise nachforschen, nicht nur in einer Richtung – so wie ein Baum auch zu vielerlei gut ist und nicht nur zu einem Zweck.

Das gilt auch für die Arzneikunde: *ein* Ding für alle möglichen Krankheiten fruchtbar zu machen! Denn nicht nur, daß er für die erwähnten Krankheiten gut ist, wie oben beschrieben, sondern der Magnet zieht den Bruch zusammen und heilt alle Knochenbrüche bei alt und jung auf wunderbare Weise. Er zieht die Gelbsucht aus, die Wassersucht wieder zurück, und dazu kommen noch die ganzen *additiones*, die ihm zukommen, von denen hier auch noch zu schreiben aber zu viel wäre. Es ist immer der *eine* Prozeß bei ihm: an sich zu ziehen und von sich zu treiben, und am eigentlichen Ort zu digerieren und den Bruch *in didymo* (am Hoden) etc. zu befestigen. Das ist in der Praxis leicht zu verstehen, es ist nicht nötig, den Unwissenden alle Dinge im Maul vorzukauen.

Von den natürlichen Dingen

Vom Sankt Johanniskraut*

Der Namen dieses Krautes ist *perforata*, und der ist gut und richtig gesetzt. Ich werde ihn auch nicht verändern. Wenn ich euch nun berichte, was von diesem Kraut zu wissen und zu halten sei und zu welchem Zweck es geschaffen ist, so merkt euch zuallererst dieses: weil Gott uns nichts nach unserem Willen geschaffen und geordnet hat, sondern alles gemäß seiner *ordnung* und nach seinem Willen, so ist es nötig, daß wir uns damit zufriedengeben, daß wir seinen Willen in den Dingen, in die hinein er ihn für uns geschaffen hat, verstehen und zu finden wissen. Zum Beispiel behaupte ich, wir Menschen sind so, daß uns alles, was wir wollen, gleich ins Maul fliegen soll ohne Arbeit, Kunst, Mühe, Jammer und Not. Das aber geschieht bei Gott nicht, sondern sein Wille ist, daß wir uns im Schweiße unseres Angesichts nähren und unserem Nächsten dabei helfen sollen. Auf diesen Grund sind alle Künste erbaut, daß nämlich mit Mühe und Arbeit alle Dinge erlangt werden müssen. In der Mühe und Arbeit ist Gottes Wille erfüllt und dorthin ist er gerichtet. Daraus folgt aber, daß keiner, er sei, wer er wolle, ohne diesen Willen Gottes etwas erreichen kann. Was aber außerhalb dessen geschieht und einem zufällt, das geschieht jählings und hat keine Dauer, geht wieder dahin, von wo es gekommen ist. Leicht her und leicht wieder dahin. Deshalb wißt, daß Gott den Menschem mit allem Notwendigen versorgt hat, und daß er seinen Willen, den Menschen betreffend, in die Natur gelegt hat; und dieser Wille Gottes ist das *arcanum* (ein Universalmittel mit höchster Wirkkraft), das in den natürlichen Dingen ist. Und so viele *arcana* gibt es! So viele Gebrechen dem Menschen zugeteilt sind, so viele *arcana* gibt es dagegen, und so viele *arcana*, so viele Willen Gottes! Wenn nun also der Wille Gottes geschehen soll, so muß ihn der Arzt dort suchen, wo er liegt; nicht in Worten, die sind ihm nicht anbefohlen, sondern allein im

* Aus: »Von den natürlichen Dingen«.

Licht der Natur; also den Willen Gottes, den Gott in die Natur gelegt hat, den soll der Arzt herausnehmen und ihn dahin tun, wo er nottut – dann ist das *arcanum* offenbart.

Weshalb ich das kundtue vom Willen Gottes ist aus der Ursache heraus geschehen, daß der Mensch wissen soll, daß die Arznei nichts ist als nur der Wille Gottes, und daß die Kunst der Arznei nicht in der Hand des Arztes steht, sondern allein in Gottes Hand. In einer Weise allerdings wohl in der Hand des Arztes, da Gott ihm seinen Willen zeigt, nämlich, in welches Kraut er ihn gelegt hat, zu dem oder zu dem. In diesem Punkt unterscheidet sich die Arzneikunst von anderen Künsten. Ein Schmied kann ein Hufeisen machen, wann er will, braucht keine Weisheit dazu, braucht nicht zu suchen, wo der Wille Gottes ist in den verborgenen Kräften der Natur, sondern nur: schmied her! schlag drein! etc. Denn der Wille Gottes ist, daß das Roß beschlagen werde, ohne alle Kunst und Erforschung der *heimlichkeiten* der Natur, und das gilt auch für andere Hantierungen.

Anders aber die Arznei: sie muß Erkenntnis davon haben, wo der Wille Gottes liegt und wem er gilt. Denn wenn einer gestochen oder gehauen wird, und die Arznei, die Gott für die Heilung geschaffen hat, wäre vorhanden, und Gott will es bei demjenigen nicht, dann wird die Arznei verschüttet, zerbrochen und die Verwundung führt doch zum Tod. Die *heimlichkeiten* Gottes sind verborgen; diesen *heimlichkeiten* soll sich der Arzt nicht widersetzen, und soll den Willen Gottes verstehen. Deshalb ist die Arznei gerade darin eine Kunst, daß nämlich der Wille Gottes das *arcanum* ist und das *arcanum* der Wille Gottes. Derart hat Gott auch in der *perforata* einen besonderen Willen und ein *arcanum* für den Menschen geschaffen, er sei nun böse oder gut. Wie die Sonne, die alle Dinge bescheint, gute und böse, so ist auch die Arznei. Und ich hab es für vorzüglich wichtig und notwendig gehalten, daß ich die *perforata* in dieser meiner Schrift nicht vergesse. Denn in diesem Kraut ist eine *monarchei* über die andern hinaus. Und zwar ist *monarchei* dasjenige, was am allerbesten ist, dem sich alle beugen müssen – so etwas wie ein Zentrum, durch das der ganze Kreis ausgemacht ist. Aus diesem Zentrum der *perforata* nun gehen diejenigen hervor, die von ihrer Art sind, und wieder in diese *perforata* zurück. Wie das zugeht, das versteht folgendermaßen:

Also merkt, als Gott alle Dinge geschaffen hat, schuf er zuallerletzt den Menschen aus dem *limus terrae* (»Erdenkloß« der Genesis, bei Paracelsus Quintessenz der 4 Elemente und Urstoff der Leiblichkeit). Nun ist *limus terrae* das fünfte Wesen der ganzen Welt, ein Auszug aus allen Naturen. Aus diesem Auszug ist der Mensch gemacht. Daraus folgt, daß eine *diathesis* (Zuordnung) zwischen allen Geschöpfen und dem Menschen besteht. Also das, was den Menschen auf natürliche Weise befällt, kann auf natürliche Weise mit dem abgewendet werden, woraus er gemacht ist. Denn dasjenige, woraus er gemacht ist, das muß ihm den Schaden heilen und muß ihn erhalten. Daraus folgt nun, daß alle Krankheiten, oder was im Menschen aufsteht, durch einen Stärkeren vertrieben werden muß – und nichts vertreibt Krankheit als Stärke. So ist also die Arznei eine Stärke und eine Macht, die jede Krankheit austreibt. Zum Exempel: das Feuer schmelzt und verzehrt alle Metalle; das ist also eine Stärke und eine der Komplexionen (hier: Hitze). So soll man auch die Arznei in der Kraft suchen, in der die entsprechende Stärke gegenüber der Krankheit ist, gegen die sie gebraucht werden soll. Darauf folgt nun, daß die *perforata* einc derartige Stärke hat, nicht aufgrund der Eigenschaft, nicht aufgrund der Komplexion, sondern aufgrund der Stärke, die Gott in die *perforata* gelegt hat. Durch diese ihre Stärke vertreibt sie die natürlichen Gespenster, ebenso Würmer, und heilt Wunden, Knochenbrüche und jede Quetschung; und sie heilt noch viel mehr durch ihre balsamische Art, wovon später die Rede sein wird. In der *perforata* ist dasjenige *arcanum*, welches der Wille Gottes ist, daß also durch die *perforata* derartiges vollbracht werden soll.

Ich hab an verschiedenen Stellen ausgeführt, wie aus dem *signatum* (Signatur) heraus das verstanden werden soll, was jeweils in dem Ding ist und was Gott in es hineingelegt hat, dem Menschen zu Frommen. Diese Signatur soll auch hier wahrgenommen werden, nämlich die Durchlöcherung, die Form der Blätter und Blüten, und die Äste, auch die Adern in den Blättern. Dazu will ich euch folgende Erklärung geben, daß nämlich die porenähnliche Durchlöcherung in den Blättern anzeigt, daß dieses Kraut für alle offenen Stellen der Haut innerlich und äußerlich eine Hilfe ist; auch für alles, was durch die Poren ausgetrieben werden soll, d. h. was die Ausscheidungsöffnung der Poren angeht.

Ihre Blüten putrifizieren sich zu etwas Blutähnlichem. Das ist das Zeichen dafür, daß die *perforata* für Wunden und für alles, was mit Wunden zusammenhängt, gut ist, und daß sie auch dort, wo Fleisch am Wuchern gehindert werden muß, gebraucht werden soll. Weiter: die Adern auf den Blättern sind die Signatur dafür, daß die *perforata* alle *phantasmata* im Menschen vertreibt, auch die um ihn herum. Denn die *phantasmata* geben *spectra* (vorübergehendes nachtodliches Erscheinen des astralen Leibes), so daß der Mensch Geister und Gespenster sieht und fantastische Stimmen hört, und das stammt alles aus der Natur. Und es sind Krankheiten, die die Leute zwingen, daß sie sich selbst töten, den Verstand verlieren, in Tobsucht und Aberwitz verfallen und dergleichen. Weiterhin zeigt die ganze Pflanze, daß nichts von den erwähnten Dingen im Menschen ist, und wäre etwas irgendwo im Leib: das Johanniskraut schafft es hinweg. Und es ist eine Universalmedizin für den ganzen Menschen. Außerdem ist sein Geschmack den Würmern zu stark, deshalb fliehen sie vor ihm, wo es liegt.

Ich hab berichtet von 4 Kräften, die in der *perforata* sind: sie wirkt nämlich gegen *phantasma*, Würmer, Wunden und besitzt balsamische Tugend. Nehmt zur Kenntnis, daß *phantasma* eine Krankheit ohne *corpus* und Substanz ist. Einzig aus dem Geist der *contemplation* wird ein anderer Geist geboren, von welchem der Mensch regiert wird. Wenn dieser besagte Geist geboren wird, so gibt er dem Menschen andere Gedanken und andere Gebärden ein, ganz gegen die Natur und angeborene Gemütsart. Nun ist gegen diese Krankheit nicht viel an Arzneien verordnet von Gott, die mir bekannt wären, außer eben in der *perforata* und in den Korallen. Denn das muß ein Arzt wissen, daß eine derartige *fantasei* nicht eine Krankheit wie die Melancholie oder dergleichen ist, wie es die von den Hohen Schulen plärren, sondern daß sie nur ein Geist ist; der wird nicht durch die Dinge geheilt, die die Melancholie heilen, sondern allein durch die Arznei, in der Stärke und Kraft ist, ihn mit Gewalt zu vertreiben. Nun ist eine solche Kraft aber nicht in den Rezepten und Mischungen, wie sie in der Apotheke hergestellt werden, sondern ist in der Arznei, die Gott selber komponiert hat ohne den Arzt, und ist ein vollkommenes *compositum*, von der Natur selbst komponiert. Deshalb, wenn sie gegen die *fantasei* gebraucht werden soll, dann soll sie ohne jeden Zusatz gegeben werden. Denn hier ist der wahre *compositor* am Werk gewesen, von dem die Hohen Schulen wenig wissen; sie sind immer nur darauf erpicht, ihre eigene Mischung aus ihren sudlerischen Apotheken zu beziehen. Und ich weise nur deshalb darauf hin, damit der Arzt wisse, daß er nicht nur seiner eigenen Mischung vertrauen, sondern das *lumen naturae* (das Licht der Natur) lesen soll und nicht nur das der Apothekerei. Die Gott selbst komponiert hat – die *composita* sollen vorzüglich genommen werden, sie sind ohne Falsch. Aber die von den Hohen Schulen meinen, was ihre verrückten Eselsköpfe nicht wüßten, sei weder der Natur noch Gott möglich.

Weiter wißt, daß es viele Arten von Würmern gibt, einige, die vor Rautengeruch (*ruta graveolens*), andere, die vor der *angelica* (Engelwurz) fliehen etc. So gibts auch Würmer, die vor dem *hypericon* (Johanniskraut) fliehen, und nicht nur des Geruches halber, sondern auch, weil in der *perforata* der *spiritus* ist, der die Gespenster vertreibt, wie oben erwähnt. Dieser besagte Geist der *perforata* treibt den Geist der Würmer und Tiere fort, in eine andere *fantasei*, also ihr *sensus animalis* (wörtlich: tierischer Sinn; wahrscheinlich der »Empfindungsleib« »Empfindungsgeist« der Tiere und des Menschen; cf. *spiritus sensuum*) flieht vor diesem *spiritus* und kann ihn nicht bei sich ertragen. Denn wie die Sonne durch ein Glas scheint, so durchdringt dieser *spiritus* den *spiritus sensuum* des Menschen und der Tiere nicht anders als der Bisam, der durch die Nase seinen Geruch ganz bis ins Hirn schickt. Gleicherweise durchdringt dieser *spiritus* des Johanniskrauts den *spiritus* von Mensch und Tier. Aus diesem Grund fliehen auch die Würmer und rücken ab von diesem Kraut.

Gleicherweise ist die *perforata* ein Wundkraut, doch nicht so, wie sie von sich aus ist, sondern wiederum durch die dazugehörige *praeparation* (Zubereitung), wie später folgen wird. Und das soll ein jeder Wundarzt wissen, daß es kein Kraut im deutschen Reich oder in anderen Ländern gibt, das durch die Zubereitung zu so hoher Wirksamkeit bei der Wundheilung gebracht werden kann wie dieses Kraut! Und seine Tugend ist gar nicht zu beschreiben, wie groß sie ist und wie hoch im Grad sie gebracht werden kann. Und es gibt keine einzige Arznei bei all den Rezepten, die – ohne schädliche Wirkung und ohne Komplikation – so gut und gänzlich heilt wie die *perforata*. Und es ist ganz unmöglich, daß in irgendeinem Land eine bessere Wundarznei gefunden wird, noch jemals gefunden worden ist. Und alle Bücher über die Heilung von Wunden sind nichtig, gemessen an diesem *hypericon*, denn seine Tugend beschämt alle Rezepturen und alle Ärzte, sie mögen schreien, wie sie wollen – es ist doch bei ihnen allen nur ein Zahnbrechergeschrei. Doch in der *perforata*, da liegt der Grund! In ihr ist auch ein Balsam – sofern sie entsprechend dazu bereitet wird –, der in seinen Tugenden jedem natürlichen Balsam gleichkommt. Denn der *balsamus naturalis* (natürlicher Balsam) ist ihr nicht mitgegeben, aber durch die *praeparation* wird sie dahin gebracht, was die folgenden Rezepte beweisen. Das sollte ein jeder Arzt ganz deutlich erkennen, oder sich darin unterweisen lassen. Mehr Nutzen ist in diesem Kapitel, als in der ganzen Galenischen, Avicennischen und anderer Stümper Wundarznei.

Von den Kräften der Peforata, die Geister der Tollheit betreffend

Wenn man die *perforata* gegen die Fantasien gebrauchen will, von denen gesprochen wurde, so muß sie dem Gang der Gestirne entsprechend gepflückt werden, damit auch die himmlische *influenz* gegen diese Geister wirke; die ist am stärksten in Mars, Jupiter und Venus, und keinesfalls mit dem Mond, sondern gegen den Mond. Auch nicht nach Mittag, noch am Abend, sondern beim Aufgang der Sonne, der Sonne entgegen, und bei der Morgenröte oder Morgendämmerung. Und die *perforata* ist am besten, die bei andern guten Blumen steht oder zwischen ihnen wächst, und je länger, desto besser, je mehr Blüten, desto besser, und dann in der Zeit pflükken, wo sie in voller Blüte steht! Dieses Kraut – so wie es ist – soll immerfort getragen werden, unter dem Barett, am Busen, als Kranz oder in der Hand, oft daran riechen, nachts unter das Kissen tun, um das Haus herum stecken oder an die Wände hängen! Und das sollte jeder Arzt wissen, daß Gott ein großes *arcanum* in dieses Kraut gelegt hat, und zwar allein wegen der Geister und tollmachenden Fantasien, die den Menschen in Verzweiflung bringen, die aber nicht vom Teufel, sondern aus der Natur kommen. Denn Gott hat für jede

Krankheit, wie sie auch sein möge, eine Arznei geschaffen: der Arzt soll nur lernen, suchen und wissen, wo die jeweilige Arznei zu finden sei.

Gegen Würmer

Weiter: auch gegen Würmer bedarf die *perforata* keiner *correction*, denn so, wie sie an sich ist, ist sie von Gott komponiert. Deshalb soll man sie pflücken in den Zeichen, in denen man das Holz schlägt und Lehm aushebt, weil während dieser Zeit keine Würmer nachwachsen oder Schaben oder dergleichen. Wenn sie nun in der Zeit gepflückt ist, dann soll man sie auf die Wunden legen, in denen Würmer wachsen; es geschieht nämlich oft, daß aufgrund von Verwahrlosung und falscher Arznei, die die Barbiere und Bader gebrauchen und gewöhnlich anwenden, mehr verdorben als gebessert wird. Wenngleich das im Sommer, insbesondere während der Hundstage, oft von Natur aus geschieht, so ist es doch nur Schuld der falschen Arznei. Allerdings hab ichs auch gesehen, daß auch im Winter Würmer gewachsen sind, zum Zusehen, 3 Wochen nacheinander; da kann man morgens und abends nicht selten eine Hand voll auf einmal herausnehmen. Das kommt vor bei bedeckten und dick verbundenen Wunden. Diese Würmer aber können mit der *perforata* vertrieben werden: die *perforata* daraufgelegt, dann fallen sie von der Wunde ab! Auch wo viele solcher Würmer sind, die, von Fäulnis verursacht, im Leib wachsen: *perforata* auf den Nabel gelegt, so treibt sie auch die hinweg! Aber man soll die Unterschiede bei den Würmern kennen, daß sie nämlich nicht alle aus der *putrefaction* (Fäulnis / Verwesung) entstehen. Wenn sie nicht aus der *putrefaction* kommen, dann hilft sie nicht.

Darum soll der Arzt grundsätzlich erkennen, was aus der Fäulnis stamme und was nicht. Zum Exempel: ihr seht, daß im Käse Würmer entstehen und wachsen. Diese Würmer werden also durch das Kraut vertrieben, dergestalt auch die im Fleisch. Ebenso kann auch beim Menschen etwas Entsprechendes entstehen. Wenn das so ist, so soll man das Johanniskraut nur auf die Haut legen oder auf den Nabel, dann entfernen sie sich. Danach soll man sie mit einer vorsichtigen Purgierung ganz austreiben. Das ist nämlich die größte Kunst, daß man die Würmer von der Stelle treibt; das aber tut die *perforata* mit größter Stärke.

Bei Wunden – Stich- und Quetschwunden – und bei Knochenbrüchen

Der Prozeß, um die *perforata* in den höchsten Grad ihrer Arznei zu bringen, durch die alle Wunden und Stiche geheilt werden, mehr als durch jede andere Arznei, ist folgender: daß man vom Samen ein Öl machen und danach dieses Öl vom Samen nehmen soll. Und *terpentin* (Lärchenharz) dazu, in der gleichen Menge, dann schütte man einen guten roten Wein darüber; laß also diese drei miteinander eine Stunde lang in Wein sieden. Danach soll man die halbe Menge frisches Baumöl (Olivenöl) dazu tun und wiederum mit rotem Wein eine Stunde sieden lassen. Dann soll man die Blüten der *perforata* dazutun, ganz anfüllen und wieder mit Wein sieden lassen, 6 Stunden lang, bis der Wein ganz einkocht und nur die 2 Öle und das *terpentin* zurückbleiben. Dann soll mans einen Monat lang an die Sonne setzen; danach kanns gebraucht werden, wie es die folgende Prozedur zeigt.

Darüber hinaus steigert es die folgende *correction* noch im Grad seiner Heilkraft, und zwar so: man tue *centaurea*-Blüten (Tausendgüldenkraut) dazu, Mastix, Weihrauch, Myrrhen, *mumia* und bereite es in Bezug auf die Mengen wie oben.

Auch das ist besonders zu merken: wenn *terpentina destillata* (destilliertes Terpentin) genommen, mit den Blüten aufgefüllt und an der Sonne digeriert wird einen Monat lang, sodann mit dem Samen auch einen Monat lang an der Sonne, nach dem allem mit halb so viel gewaschenem Terpentin vermischt und wieder an der Sonne digeriert, dann ist das ein vortrefflicher Balsam für das Geäder (Adern, Sehnen, Nerven...) bei allen Sehnenverletzungen. Er bewahrt sie vor dem Verkümmern, zieht die Geäder zusammen, so daß sie von selbst zusammenhalten, und wendet dort, wo zu Lahmheit führende Wunden vorhanden oder am Entstehen sind, ab, was krumm- oder lahmmacht.

Mehr noch, oft werden Wunden geschlagen unter bösen Zeichen, so daß eine kleine Wunde zum Tod führt. Wo derartige Wunden sind – tödlich kraft ihrer selbst, aber was die Stelle oder das Glied angeht, nicht lebensgefährlich – solche Wunden können mit diesem Balsam geheilt werden. Also man nehme: *oleum laterinum* (Ziegelöl) und fülle das an mit den Blüten der *perforata*, drücke die Blüten gut aus, dann wieder mit neuen Blüten anfüllen, wiederum 6 Tage lang, und das noch oft tun, an die 6 oder 7 Mal. Dann wird ein derartiger Balsam daraus, daß er bei tödlichen Wunden allem zuvorkommt und sie ungefährlich macht.

Dabei sollt ihr noch wissen, daß es noch eine andere Art der balsamischen Zubereitung gibt, die getrunken werden soll. Diese Art Balsam ist die beste Wundarznei, zum Einnehmen bei allen Stichwunden und inneren Verletzungen, oder bei Wunden der Hauptglieder; sie wird zu einer sobeschaffenen Arznei, daß es ihresgleichen unter allen Wundtränken sonst weder gibt noch je geben wird. Und so wird sie gemacht: man nehme weißes Wacholderöl, 1 Pfund, St. Johannis-Samen-Öl, 1 Vierling, und fülle dies auf mit den Blüten, lasse dann an der Sonne digerieren wie üblich, dann wieder auspressen, mit frischen Blüten auffüllen, und das einige Male wiederholen, je öfter, desto besser, und dann trinken, wie es bei Wundtränken gebräuchlich ist. Was dieser Balsam nicht vollbringt, das wird erst recht von allen anderen Arzneien aufgegeben.

Diese Rezepte veröffentliche ich deshalb, weil weder Skribent noch Arzt je damit umgegangen sind, sondern nur mit derart heillosen, kraftlosen und nutzlosen Arzneien, mit denen sie gute Wunden tödlich gemacht und lebendige Wunden verpfuscht haben.

Damit sie mit ihrem lasterhaften und betrügerischen Tun nicht weiter fortfahren, hab ich sie mit dieser Arznei anvisiert und veröffentliche sie in der Hoffnung, daß sie sie gebrauchen werden und folgen und manchem Mord oder Verderben damit zuvorkommen und sich bessern; damit sie nicht mit ihren Arzneien Gottes Bildnis, d. h. den Menschen, so schändlich verderben, ihm das Leben nehmen und die Gesundheit, sondern daß sie, nachdem Gott doch vollkommen gute Arznei geschaffen hat, diese nehmen und lernen und gebrauchen, und nicht stattdessen die Arznei, die Gott nicht dafür geschaffen hat.

Das Verfahren bei der Wundbehandlung nun ist folgendermaßen: Man nehme denjenigen Balsam, den man gebrauchen will, und träufle ihn warm auf die Wunde, die mit Streifen von Leinwand bedeckt und so gehalten werden soll, daß es immerfort feucht und ölig bleibt auf der Wunde und ja nicht trocknet. Dazu vom Wundtrank jeweils morgens, mittags, abends einen Trunk nehmen, nämlich einen Löffel davon mit 10 Löffeln gutem Wein mischen und pro Mal jeweils 2 Löffel davon trinken; das macht pro Tag 6 Löffel, bis zur vollständigen Heilung.

Nicht weniger wichtig ist, daß auch eine balsamische Kraft in allen den oben beschriebenen Rezepten ist, und zwar derart, daß sie nichts Lebendiges faulen lassen. Und dabei gewahrt den Unterschied der Balsame: einerseits gibt es Balsam, der tote Körper erhält, andrerseits aber Balsam, der nicht den toten, sondern den lebendigen Körper erhält, sodaß der nicht fault, sondern gesund bleibt. Das aber ist eine große Tugend, wo eine Arznei den Menschen so erhält, daß nichts faulen kann, denn dann entstehen keine offenen Schäden, keine Abszesse, keine Ulcerationen (Geschwüre) oder Vergleichbares. Wohlan, so sagt mir nun, ihr Ärzte, wo habt ihr in all euren Rezepturen ein derartiges *compositum*, das gegen die *putrefaction* des Lebendigen wäre? So daß also vom Lebendigen und Ganzen nichts fault, wenn an der Stelle die *perforata* ist? Und wer hat sie komponiert zu dieser Kraft? Ihr nämlich nicht, sondern der höchste Arzt allein. Deshalb besinnt euch, auf daß ihr nicht sterbet in euren Sünden, – das heißt in euren falschen *composita* – sondern bedenkt, daß Gott der *componist* ist, und erforscht die Natur und nicht eure verrückten Buchstaben, in denen nichts ist als ein doppelt verschlungener Knoten, den ihr zu einem andern Knoten d. h. den ihr zu Adams Mutter macht.

Damit ich euch unterweise, die *composition* betreffend, so wisst, daß für die 1.Mischung *thyriaca* (Theriak – ein aus vielen Substanzen zusammengesetztes Mittel) metrydatum electum (wahrscheinlich: *mithridatum electum* = Latwerge, ein Gemisch von Sirup mit Pulvern und Pflanzenmus) samt anderen schweißtreibenden Mitteln addiert, und diese zusammen an der Sonne oder *in fimo equino* (in warmem Roßmist) digeriert werden sollen, und dann angewendet, wie es dem Patienten, seiner Art der Komplexion und dgl. entspricht, was ich dem erfahrenen Arzt anbefehle.

Es ist auch nötig zu wissen, daß von diesem Kraut und den Blüten ein Wasser, *in aqua maris* (wahrscheinlich *balneum maris*, eine Art der Destillation) gebrannt werden kann. Dieses Wasser ist auch für alle die Beschwerden gut, für die die *perforata* angegeben wurde, wenngleich es nicht das stärkste Mittel ist. Wo aber die Beschwerden nicht besonders groß sind, da kann es gut gebraucht werden, getrunken oder äußerlich angewendet.

Ebenso ist zu wissen, daß dieser Balsam jeden Knochenbruch heilt und alles, was gequetscht ist, und was das Blut gerinnen macht – das vertreibt er ohne Schaden. Mich hats gelüstet, das, was ich bei der *perforata* ausprobiert habe, darzustellen, damit die nutzlosen Rezepturen unterlassen und dem rechten Grund nachgeforscht werde. Aber so eselig sind Bader und Barbierer, ehe sie das annehmen, erwürgen sie lieber noch ein ganzes Lager mit ihren falschen Arzneien.

Vom Honig

(Fragment)

Das erste Kapitel vom Honig

Wenn wir das Wesen und die Eigenschaft des Honigs beschreiben, sollen wir zunächst verstehen, daß die *erste materia* die Süße der Erde ist, die sich um die natürlichen Gewächse legt und von ihnen angezogen wird kraft der diesen Gewächsen eigenen Magneten. Dabei sollt ihr auch festhalten, daß in einer jeden *prima materia* alles versammelt ist, was zu den verschiedenen Gewächsen gehört: so, als ob vielerlei Farben zusammen gegossen würden und nur eine wäre zu sehen, aber vorhanden sind alle; oder wie ein Same, der Holz ist, der Blatt ist, der Ast ist, nicht gegenwärtig, sondern mit der Zeit; wenn er auswächst, tritt alles in Erscheinung. So müßt ihr auch wissen, daß in der *prima materia* der Naturdinge ein *compositum* (Zusammengesetztes) ist, aus dem dann von den jeweiligen Gewächsen das, was einem jeglichen zugehört, herausgezogen wird. So wird auch von jedem Gewächs alles das angezogen, was ihm – entsprechend seiner Art – nottut.

Nun ist eine zweifache Tätigkeit am Werke, die eine nämlich, daß der Mond mit seinen himmlischen Kräften diese *materia* in der Erde kocht und bereitet, und diese Zubereitung währt vom beginnenden Absterben der Pflanzen bis zu ihrem Wiederkeimen: so lange *digeriert* (verdauen, »köcheln«) der Mond an dieser *materia*. Und sobald er seine *praeparation* vollendet hat, naht der Lenz, und mit ihm entspringen die Gewächse und blühen und entwickeln sich zu ihrer Vollkommenheit; und aus der ihm eigenen angeborenen Natur treibt der Mond diese *materia* aus dem Erdreich in die Gewächse, wie ein Regen, der auf die Erde fällt und alle Gewächse begießt – ebenso ist der Mond, der aus der Erde *prima materia* nach oben hinaustreibt wie das Gewölk den Regen hinunter. Auf diese Weise erstarken die Gewächse in ihrer Natur und Eigenschaft.

Nun folgt ein weiteres: denn wenn auch der Mond seine *decoction* (Kochung) vollbracht hat, ist es noch nicht so, wie es sein soll, sondern die Sonne vollbringt die andere Tätigkeit, die sie des Morgens anfängt, sobald sie aufgeht. Und was der Mond herausgetrieben hat, das zieht die Sonne an sich und hinauf, wie ein Magnet das Eisen, und stärkt den Stengel oder Stamm mit eben der *materia*, die vom Mond bereitet ist, so daß also Stengel oder Stamm in der verordneten Zeit zu der Vollendung kommen, auf die hin sie geschaffen sind. Also: täglich zieht die Sonne diesen *liquor* (Saft, Flüssigkeit) an, und täglich übt auch der Mond seine Tätigkeit aus. Dabei sollt ihr wissen, daß auch der Regen an dieser Stelle von Nutzen ist; er bewirkt, daß die *materia* des Mondes gemildert und subtiler präpariert wird, die andernfalls wegen Dürre im Mond erstickte. Je nachdem, wie sich dort die Mischung von *liquor* und Regen dünn- oder dickflüssig vereinigt, oder nach der Art des jeweiligen Bodens, ob er hart oder subtil sei, oder welcher Natur der Mond in seiner Wirkung ist – je nachdem wird in dem Jahr der Honig dick oder dünn.

Auch das sollt ihr verstehen, daß der Honig in seinem Wesen und seiner *ersten materia* nach *resina terrae* (Harz der Erde) ist, aber diese *resina* ist nicht in allen Blumen oder Gewächsen gleich, sondern ist teilweise Gummi, teilweise Harz, teilweise Schwefel, teilweise in andrer Gestalt. Auch das ist *resina terrae*, was in Blüten und Zweigspitzen wächst, was in Honigs Form und Gestalt empfangen wird, aber noch nicht in seiner *ultima materia* ist durch Sonne und Mond; denn die zwei Planeten können nichts bis zum Ende vervollkommnen, sondern nur im Zusammenhang mit der Tätigkeit des ganzen Himmels, die ihr folgendermaßen verstehen sollt: wenn also das Gewächs sich aufrichtet in seinem Stengel, und der *liquor* in ihm ist durch den Mond bereitet, und der irdische Regen hat die Oberfläche der Erde begossen, und der *liquor* ist von der Sonne durch den ganzen Stengel gezogen und ausgeteilt worden, dann folgt die dritte Tätigkeit, das ist die *aestivalische influenz* (d. i. der Einfluß des Sommers), die unabhängig von Sonne und Mond ist. Die begreift dergestalt, daß man sie verstehen kann, als ob ein verschlossenes Glas, in dem etwas drin wäre, in einer warmen Stube stünde, und das, was im Glas ist, bereitete sich auf sein Ziel zu. So steht die Blume oder das Gewächs auf der Erde in der himmlischen Stube, und in ihm hebt nun die dritte Bereitung an – also die erste durch den Mond, die zweite durch die Sonne und die dritte durch das *astrum aestivale* (Gestirn des Sommers) – so wie im Roßmist der Homunculus oder *frumentorum sanguis* (Getreide-Harz) etc. digeriert wird.

Und durch die besagte *influenz*, die täglich wirkt, entsteht alle Tage mehr und mehr Honig und wird immerfort von den Bienen hinweggetragen. Also: was täglich entsteht, das tragen sie täglich weg, und die Natur wirkt immer wieder ebensoviel an diese Stelle.

Also begreift, daß der Honig zunächst nichts ist als irdischer *spiritus*, wenn aber die *aestivalische influenz* dazukommt, so macht sie einen *spiritus corporalis*, das heißt der *spiritus* wird leiblich; der *spiritus*, der unter dem Einfluß von Sonne und Mond ein irdischer Geist gewesen ist, wird leiblich und heißt dann, wenn er dermaßen leiblich geworden ist *materia materiata* (materie-gewordene Materie) oder *spiritus corporalis* (leiblicher Geist) – diesen nämlich mögen die Bienen und tragen ihn an ihren Ort.

Nun ist das noch die erste *materia materiata*, denn Honig und Wachs sind beieinander. Wenn aber diese beiden geschieden werden, wie man auch Eisen und Stahl voneinander scheidet, dann ist das ein aus der *materia materiata* herausgeschiedenes Leibliches. Also versteht: so wie die Alchimisten den *spiritus vini* (Weingeist) im *circulatorium* oder *pelicanum* (alchimistische Retorten), so läßt das Sommergestirn die Säfte in den natürlichen Gewächsen kreisen. Auf diese Weise fließt der Honig aus der Erde in die *materia materiata*, also bis in dasjenige, was den Bienen anbefohlen ist. Was nämlich *materia materiata* ist, das ist *subjectum* desjenigen Wesens, das diese *materia* weiter zu bereiten unternimmt, ist also ein Ding, das noch nicht vollendet ist, sondern durch ein andres in den Zustand der Vollendung gebracht werden muß. So ist es allgemein bei den *natürlichen dingen*: jede Art ist mehreren andern zur Vervollkommnung untergeben, angefangen vom Gestirn bis zum lebendigen empfindenden Tier, von dem bis zum vernünftigen Wesen, von diesem bis zur Tätigkeit des Todes, der alle Dinge verzehrt und wieder aus einem jeden macht, was es zuvor war: Nichts war es zuvor, nichts ist es danach. So beschließen sich alle Dinge in nichts, denn nichts waren sie auch zuvor.

Das zweite Kapitel vom Honig

Da ich angefangen habe, vom Honig zu schreiben, so sollt ihr wissen, daß die Natur in ihrer Wirkungsweise dermaßen beschaffen ist, daß sie immer das Gröbste zu Boden setzt und das Reinere und Subtilere in die Höhe treibt. Daraus ergibt sich hier, daß dreierlei Arten von Honig in einem Gewächs sind: unterer, mittlerer und oberer. Den obersten suchen die Bienen, der liegt in den Blumen, in der Blüte und in den *locusten* (Sprößlinge), dort suchen ihn die Bienen. In der Mitte und ganz unten suchen sie nichts, es sei denn, daß sie nicht genug vom oberen Honig finden; auf der Suche nach Honig graben sie dann tiefer in Richtung Boden, auf die Wurzel zu. Das ergibt dann eine gröbere Art von Honig und Wachs. Ihr Hunger ist die Bereitung des Honigs und zwar dergestalt: sie essen ihn, er ist ihre Speise, ist *manna*, ist *tereniabin*, ist *lorcha*, ist *tronossa* (verschiedene Arten von süßem Tau, Honigtau, Himmelstau). Das ist ihre Speise, die sie aus den Blumen essen, und die sie in den Blüten und Sprößchen finden, so wie man den Dotter in der Eierschale findet.

Nachdem sie das für ihren Hunger brauchen, so folgt weiter, daß sie *emunctoria* (Ausscheidungsorgane/Öffnungen) haben, durch die sie ihre *egestiones* (Ausscheidungen) auswerfen. Diese sind zweifacher Art, nämlich einerseits ist es Wachs und andererseits Honig. Das ist gewöhnlich so bei den Tieren, daß sie die Exkremente und Urine aus dem Leib auswerfen. Weil die Bienen Überfluß an *manna* und *tereniabin* haben, so erzeugen sie Honig und Wachs; das däuen sie aus Blüten und Sprossen heraus und tragen es – so herausgedäut – in ihre Herberge. So geschieht also die obere *praeparation* durch das natürliche Gestirn – *manna, lorcha, tronossa* – aus denen werden dann Honig und Wachs. Aber nicht, indem das so in Blüten und Sprossen wächst, sondern durch den Magen der Bienen: der Magen ist der *archeus* (Lebensgeist, tätiger Künstler der Natur), von der Natur selbst prädestiniert, diese Dinge in Honig und

Wachs zu *transmutieren* (verwandeln); und *praedestination* muß das hervorbringen, was in der Wirkmöglichkeit der Natur liegt, und könnte ohne den *archeus* nicht entstehen. Anders sind die Exkremente des Menschen, anders die des Viehs, anders die der Bienen. Doch wie sie sind, so sind sie zum Nutzen eines anderen geschaffen, wie z. B. das Exkrement des Viehs für die Matten und Wiesen, ebenso das Exkrement der Bienen für Kerzen und Arzneien. Denn *manna* ist ihre vornehmste Speise – *manna* ist das Mark der *locusten*; *tereniabin* ist ihre andere Speise – *tereniabin* ist das abgesonderte Fett des *manna* – wie das Schmalz bei einer Suppe; *lorcha* ist die vollkommene Süße der *locusten* bis auf die leere Substanz; *tronossa* ist der ganze Tau, aus der Luft geboren, der sich besonders niederschlägt, der von den Bienen außen an den Sprösslingen gesucht wird; er ist wie ein Regen, der an einem Ort niederfällt und am andern nicht.

Zwischen all diesen Dingen gibt es Unterschiede, die in der *physica* (Naturkunde) vornehmlich zu betrachten sind. Denn es ist ein Unterschied, ob etwas aus dem einen oder dem anderen Ding kommt, und ein jedes haftet an der Natur dessen, von dem es am meisten hat. So geben die Lindenblüten ein anderes Wesen als die Blüten der Buchen, ein andres als die Blüten der Eichen. Das alles sind grobe bäuerische Speisen für die Bienen. Es gibt zweierlei Bienen, edle und unedle, und auch bürgerliche; diejenigen, die in der Wildnis ihr Leben fristen, die sind von grober bäurischer Art und geben einen harten, starken, groben Honig und kerniges, wehrhaftes Wachs. Denn die Bauern sind die ersten und bleiben auch die letzten.

Dann gibt es die adligen Bienen, die sich an den Staubgefäßen ernähren, d. h. von Rosen, Lilien und andern schönen Zierblumen; diese geben den edelsten Honig, gut für süßen Met und für subtile Pflaster. Es gibt auch Heiraten zwischen den bäurischen und den adligen Bienen, also eine Mittelart zwischen den Edlen und den Bauern, die klauben auch ihren Honig auf; jede Art gemäß ihrer Geburt. Auf diese Weise kommt Grobes und Reines zusammen: das gibt einen temperierten Honig und ein temperiertes Wachs. Es gibt eigentlich also dreierlei Bienenarten: Bauern, Bürger und Edle. Diese Unterscheidung soll von den Ärzten festgehalten werden, denn entsprechend sind auch die Arzneien unterschieden, die aus den dreierlei Honigarten gemacht werden. Und ihr verschiedener

Stand wird nur danach erkannt, wohin sie fliegen, um ihre Nahrung zu suchen, und wo sie von den anderen Bienen in den Gärten oder Wildnissen als heimisch oder wild angesehen werden; sie ernähren sich von den Feldblumen und in den Gärten, in den zahmen Wäldern, aber auch in der Wildnis und sogar in der Wüste. Es gibt viele Arten von Bauern und auch viele Arten von Edlen, mitsamt ihrer jeweiligen Wohnung.

Mir kommt es für richtig vor, daß ich euch, zum besseren Begreifen dieses meines Gedankenganges, etwas erkläre, was die Schrift über den allerheiligsten Mann Johannes Baptista enthält, wie sie von ihm berichtet, daß er *locustas* und *mel silvestre* (»Heuschrecken und wilden Honig«) gegessen habe. Das verhält sich so: die *locusten*, die er gegessen hat, sind in der Wüste gewachsen, wo keine Menschen gewohnt haben, d. h. er hat in der Wüste gewohnt. Daraus folgt, daß er auch nicht die übliche weltliche Speise gegessen hat, sondern er hat nur die Sprößlinge von den Bäumen gegessen und sie durch den bäurischen Honig gezogen, der von den wilden bäurischen Bienen gesammelt worden ist. So hat er sich mit bäurischem Honig wie ein Bauer ernährt. Und das wird von einigen, die als hochgebildet angesehen werden, so ausgelegt, daß *Heuschrecken* seine Speise gewesen sein sollen. Diese Leute sind unfähig, die eigne Torheit zu verschweigen! In wohlgedrechseltem Latein stellen sie ihre eigene Torheit und Fantasterei dar – wie Hieronymus, Erasmus und viele der neuen Propheten, die im Lateinischen berühmt sind; sie sind unter den Blinden einäugig und nicht zweiäugig, können etwas und doch nicht genug.

Das dritte Kapitel vom Honig

Nun vernehmt weiter vom Amt und Gebaren der Bienen. Es ist offenbar, wie dieselben ihre Wohnung machen, worin sie ihre Arbeit tun – nehmt euch ein Beispiel daran. Wie Gott der Allmächtige es den Menschen durch den menschlichen Sinn und Verstand eingegeben hat, selber Häuser und Wohnungen zu bauen und zu errichten, so hat er es auch den unvernünftigen Tieren eingegeben, sodaß sie gemäß ihrer Natur sich selbst ihre Wohnung machen können und das auch machen. Wir können das bei jeder Tiergattung sehen, daß eine jede auf ihre besondere Art, entsprechend ihrer Natur und Eigenschaft und ihren Bedürfnissen, die eigene Behausung selber macht. Die Menschen haben nichts für den inneren Menschen, aber der äußere hat seine Behausung. Und so haben die Füchse ihre Löcher, die Vögel ihre Nester, so haben die Bienen ihre Gemäuer und Wände, in denen sie wohnen; diese Mauern heißen Honigwaben. In diesem Gemäuer richten sie Vorratskammern ein, in denen sie ihre *praeparationes* vollbringen. Und gleicherweise wie der Mensch von Gott zu allen Künsten begabt ist – und es gibt unzählige Künste auf Erden – so ist auch das Tier begabt von der Natur aus Gott, sodaß die Tiere unter dem Einfluß der Natur auch viele solcher Künste verstehen. Und die Bienen sind so wunderbar in ihren Werken, daß ihr kunstreiches Wesen nicht zu ergründen ist, auch in keiner Weise auszumachen; wenn man Hände und Füße bei ihnen sähe, könnte man wohl verstehen, wie es zugeht, nachdem die fehlen, ist es dem Menschen nicht möglich, das zu begreifen, es sei denn, es ginge mit Sinn und Verstand zu.

Also wißt nun von den Bienen: aus ihrer Natur heraus wissen sie, ihre Speise zu finden. Weiter gibt ihnen die Natur ein, daß sie diese gedäut in ihre Wohnung tragen, die sie übrigens am liebsten dunkel mögen; und je heimlicher in der Stille, um so lieber ist es ihnen, sie wollen überhaupt nicht gestört sein in ihrer Arbeit. Sodann gibt ihnen die Natur dort ein, entsprechend dem Zirkelmaß und der Zahl der Bienen, die sie haben, daß jeder Biene eine ebenso große Behausung wie der andern gegeben wird. Diese Austeilung der Kreisform und der Zahl kommt aus der angeborenen göttlichen Gabe, die den Bienen von Gott gegeben ist, so daß nicht ein Haus zu viel oder zu wenig gefunden wird, und keine Behausung, die nur einen Punkt größer oder kleiner wäre als die andere, sondern wunderbar – über alle menschliche Kunst hinaus – ist es von ihnen selber verteilt. Und nicht, daß etwa eine Biene auch der andern das Haus baute, sondern alle zusammen fangen sie an, eine neben der andern und auf der andern und je nachdem, wieviel an *manna* einer Biene zuteil wird, kann sie viel oder wenig aufbauen.

Zuerst bauen sie das Haus aus weißem Wachs, denn das nicht ausgereifte *manna*, das erste *manna* ist noch nicht gelb, sondern empfängt die Farbe erst mit der letzten Bautätigkeit der Bienen; denn je höher im Sommer, desto besser wird das *manna*, und je strahlender der Sommer, um so schöner und edler die Honigwabe. Nun ist aber die Kunst ihres Bauens nicht vom Zusehn zu lernen, denn niemand sieht die Hände, mit denen sie bauen; deshalb wäre es vergeblich, viel davon zu schreiben, die *philosophia* gestattet das nicht.

Dagegen ist aber bekannt, wie sie es eintragen, und wie es am Ende aussieht. Einige Bienen haben ganz ausgebaut, einige halb etc., sind gestorben, einige haben eingetragen, andere nicht. Denn sie sind auch dem Tod unterworfen mit der Zeit, so daß sie ebenso wie andere Geschöpfe, vorzeitig oder zur rechten Zeit, des Todes sterben. Und das gilt, obwohl sie die gesündeste Speise essen, und keine Krankheit bei ihnen entsteht, es sei denn durch ihren eigenen Zank und Hader, durch Übersättigung, durch großen Hunger, oder Alters halber. Allerdings schadet ihnen auch der Reif auf den Blumen und Sprossen, die kalten Winde, und auch ihre Schutzlosigkeit. Außerdem auch die falschen Bienen, die sich unter sie mischen und kommen, wie die Ratten in den Weizen und wie das Unkraut in den Garten, die ihnen ihre Arbeit zerstören, und alles fressen und sie auch umbringen. Das ist gleich wie unter den Menschen – die Starken gegen die Schwachen, die Gelehrten gegen die Ungelehrten, die Geistlichen gegen die Weltlichen und Neid und Haß! – so ist es auch bei ihnen.

Es erweist sich durch die *erfarenheit*, daß es kein Tier gibt, das in allem dem Menschen so sehr gliche wie ein so vernünftiges Tier wie die Biene, die, was die natürliche Weisheit angeht, in der Vernunft gleich nach der menschlichen kommt. Das ist nicht abzuleugnen, sondern durch die Erfahrung vielfach zu beweisen, denn sie sind nicht ohne Obrigkeit, vielmehr mit einer *ordnung* untereinander begabt kraft natürlichen Einflusses. Denn derjenige, der ihnen vermacht hat, daß sie *mechanici* sind bei der Errichtung ihrer Häuser, und der ihnen die Kunst gegeben hat, Künstler (Alchimist) zu sein und zu heißen, der hat ihnen auch die obrigkeitliche *ordnung* gegeben, wenn sie Mechaniker und Künstler sind. Und das mit der *ordnung* ist geschehen, auf daß die Honigwabe dem göttlichen Willen gemäß in die Hand des Menschen komme, auf daß die *magnalia dei* (Wunderwerke Gottes) Gott preisen und loben durch seine Kreaturen, die er doch mehr als wunderbar vollkommen geschaffen hat.

Und ebenso wenig wie der Mensch die *heimlichkeiten* der Bienen erfahren kann, d. h. die Mysterien ihrer *heimlichkeit*, ebenso wenig können sie die des Menschen ergründen. Und so wenig, wie er ihnen das Ihrige nachmachen kann, ebensowenig können sie ihn nachahmen.

Christus hat ein Wort gesagt, das sich auf Herodes bezieht: nun sagt er also, gehet hin und sagt diesem Fuchs etc. Daß er Herodes einen Fuchs geheißen hat, aus welchen Gründen das geschehen ist, das versteht so: nämlich, so listig ist noch kein Mensch gewesen, daß er ganz ohne Sorge und sicher vor dem Fuchs gewesen wäre. Der ist seit je mit seiner List dem Menschen zu listig gewesen. Wo ein Hirte Hühner, Gänse und Enten gehütet hat, hat der immer Schaden vom Fuchs einstecken müssen. So ist auch des Herodes Herz gewesen, da hat niemand etwas verhindern können. Entsprechend verhält es sich auch mit der *heimlichkeit* der Bienen.

Das vierte Kapitel vom Honig

Nachdem ihr bereits vom Honig gehört habt, wie er von den Bienen gemacht wird, sollt ihr fürderhin verstehen, daß da zweierlei *corpora* beieinander sind, nämlich Honig und Wachs, die durch die Natur und durch die Bienen ausgeteilt werden als Honig und Wachs, die beieinander stehen wie Stahl und Eisen. An dieser Stelle fängt nun die menschliche Arbeit an, nämlich dasjenige, was die Bienen gemacht haben, voneinander zu scheiden und dasjenige, was dem Menschen innerlich vonnutzen ist, von dem getrennt zu halten, was dem Menschen äußerlich zugute kommt. Aber wenn auch vieles dem Menschen in die Hand kommt, was schon so ist, wie es sein soll, so ist allein die Scheidung zweier Wesen voneinander – wie angezeigt wurde – das, wo der Mensch einsetzen soll. Auf diese Weise soll er an allen Dingen arbeiten, die aus der Natur in des Menschen Hand kommen: das geht die Arzneikunst an. Also, wo die Natur aufhört, da fängt der Arzt an, wie hier bewiesen wird; der Honig wird vom Wachs geschieden und das Wachs vom Honig und zwar durch die Kunst des Feuers (Alchimie).

Darum, wenn man weiter davon redet, so geht das die Arzneikunst an. Deshalb sind auch diese Kapitel so angelegt, erstens, daß der Arzt den Ursprung vom Honig und Wachs verstehe; danach, wie beide innerlich und äußerlich zu gebrauchen seien, wie es die drei nachfolgenden Bücher erklären mit Hilfe von *descriptiones*, die im *lumen apotheciarum* (Licht der Arzneikunst) folgen und jede Rezeptur, *simplex oder compositum* (einfache oder zusammengesetzte Stoffe) setzen und erkennen lehren. Das zweite Buch lehrt, die diesen Rezepten innewohnenden Tugenden und Kräfte zu verstehen – wozu jedes tauglich und nützlich sei. Und zuletzt im dritten Buch, das danach folgt, wird gesprochen vom Usus und von der Praxis, wie nämlich letztendlich die Arznei und die Krankheit als *ultima materia* zusammengefügt, und die Krankheit geheilt werden kann. Denn alle diese Dinge werden nur deshalb beschrieben, damit sie die *ul-*

tima materia erreichen und darin erkannt wird, wie groß ihre Tugenden sind. Denn nach der Erkenntnis der Weisheit Christi ist auf Erden nichts Trefflicheres als die *arznei* entstanden. Denn so wie sie Gott geschaffen hat als 4 natürliche Säulen, nämlich als *philosophia, astronomia, physica* und *alchimia* – in diesen Vier ist die Arzneikunst ganz beschlossen. Niemand soll sich darüber verwundern, daß diese Vier nur ein Gleiches machen und sich nicht voneinander scheiden lassen. Denn so hat es Gott geschaffen, das beweist sich in seinen göttlichen Werken.

Viele Ärzte gibt es, die von der Arzneikunst nichts wissen und doch Ärzte sind und genannt werden, die nicht wissen, wohin die Arzneikunst gehört – der Menschen Grobheit und Laster sind daran schuld. Sie bekümmern sich auch nicht wegen ihrer Seele, nicht, ob sie ihre Seelen-Ruhe finden werden nach diesem Leben. Nur Geld in die Küche und den Eigennutz gefördert – dem Teufel einen Arzt in den Rachen geworfen! Damit sie nur reich sind und reich werden, sparen sie weder mit Lügen noch Betrug. Wenn sie aber bedächten, wie groß vor Gott Wahrheit und Frömmigkeit sind, und wie das Licht der Natur vor Gott so hoch erscheint, würden sie sich eines andern besinnen. Aber diese Besinnung kommt nicht; warum? Vom Teufel sind sie; dessen Willen tun sie. Christus hat durch ein vortreffliches Zeichen allen Ärzten ein Exempel gegeben, indem er nämlich dem Blinden mit Speichel die Augen aufgetan hat und sie mit Erde gesalbt und ihm gewiesen hat, mit welchem Wasser er das wieder abwaschen solle – worauf der Blindgeborene das Augenlicht empfangen hat. Was bedeutet das anderes, als daß die arzneiliche Gewalt in Christo liegt, daß seine Gewalt die *arznei* zu Kräften bringt, wunderbar, über menschlichen Verstand! Daraus folgt, daß es recht ist, dieser Gewalt nachzutrachten, und durch ihn (Christus) die Kräfte der Arznei zur Vollendung zu bringen. Und wenn auch die gottlosen Ärzte wähnen, die *arznei* sei wirkkräftig, ohne daß man nach der Gnade Gottes suche, so bedenken diese Toren nicht, daß Gott nicht um ihretwillen das tut, sondern damit man ihn lobe und preise, um seine Barmherzigkeit zu zeigen. Seht euch doch jetzt in der Gegenwart um, was die Ärzte Gutes erweisen? So gut wie nichts oder jedenfalls wenig. Wo gibt es auf Erden eine Kunst, bei der weniger Lob und Ehre, aber mehr Betrug gefunden wird als in der Arzneikunst? Das ist so, weil der Mensch nicht seinen Nächsten liebt wie sich selbst. Nun leset weiterhin von der *ultima materia*, wie die Kranken gesund werden sollen kraft der Dinge, die Gott aus der Erde geschaffen hat, die ihr so ansehen sollt, als wäre es die Erde selber, und daß dazu nichts weiter fehlt als allein die Hilfe Gottes, die da kommt durch Christus unseren Herrn.

Nachwort

Paracelsus gehört zu den wirkungsvollsten Gestalten der Medizingeschichte und wird in der Ahnengalerie der Medizinhistoriker immer an hervorragender Stelle gezeigt: als Markstein zwischen Mittelalter und Neuzeit, als Grenzgänger zwischen Magie und Wissenschaft, als Begründer der Chemie (»Iatrochemie«) aus dem Geiste der Alchemie, als Natur-Arzt und Feind der gelehrigen »Spekulierärzte«. Die Einzigartigkeit des Paracelsus ist in verschiedener Perspektive beschrieben worden: negativ in der des Okkultismus, der Magie und auch der Scharlatanerie; positiv in der Perspektive des medizinischen Fortschritts auf der Schwelle zur Neuzeit. Auf seine bahnbrechenden Leistungen wurde schon oft verwiesen: die erste zutreffende Beschreibung der Syphilis, das Wissen um die harntreibende Wirkung des Quecksilbers, die Feststellung eines Zusammenhangs zwischen Kropfbildung, Mineralien und Trinkwasser, antiseptische Prinzipien in der Wundbehandlung.[1] Im Bereich der Standeskunde und der ärztlichen Ethik wurden ihm vielfach Sympathien entgegengebracht: dem ersten Medizin-Professor, der in der deutschen Landessprache lehrte (in Basel 1528), dem Einheitsstifter von »Leib-« und »Wundarznei« (Innere und Chirurgie Medizin), dem Kämpfer für die »Redlichkeit« und »Wahrheit« der ärztlichen Kunst, dem Warner vor den »Wolfsärzten«, denen die Liebe (»Tugend«) zum Kranken fehle.

Die gewaltige bildreiche Ansprache des Paracelsus im Stile einer Predigt bewegt den Leser. Sein Kampf gegen die Autoritäten der Tradition, sein Eintreten für die eigene Erfahrung und Beobachtung, seine Brandmarkung der Schädlichkeit einer falschen Medizin lädt zur Identifikation mit dem Autor ein. Eine solche Identifikation verführt leicht dazu, die Fremdheit der Welt- und Menschensicht zu vergessen, die uns bei Paracelsus und seiner Zeit entgegentritt. Die heroisierenden Paracelsus-Darstellungen verstellen zumeist den Blick für die Abgründe und Höhenflüge seiner Laufbahn, die ihn durch die Welt des erlebten Märchens führte, in der Elementargeister und Nachtgeister (die »Spektren« Verstorbener) ebenso vorkommen, wie Dämonen, Engel und Teufel. Es bereitet Schwierigkeiten, die *Gleichzeitigkeit* der verschiedenen Dimensionen seiner Naturbetrachtung zu begreifen, die eigentümliche »Synchronizität« (C. G. Jung) von Phänomenen aus verschiedenen Erfahrungsbereichen. So greifen bei Paracelsus Dämonologie, Psychologie, Humoralpathologie (trotz ihrer programmatischen Verwerfung!), religiöser Glaube, magische Rituale ineinander. Er ist Kind einer Epoche, die unter dem Titel »Renaissance« der medizinischen Geschichtsschreibung weithin unfaßbar geblieben ist – trotz Leonardo da Vinci (1452–1519) und Vesal (1514–1564) als Leitfiguren der aufblühenden Anatomie.

Ich möchte im folgenden die *für die Medizin* wichtigsten Grundsätze des Paracelsus skizzieren, die von den hier abgedruckten Texten eindringlich illustriert werden. Dabei knüpfe ich an die »vier Säulen der Arznei« an, wie sie bereits im Vorwort skizziert wurden.[2]

»Licht der Natur«: Der Erkenntnisprozeß

Die Erkenntnisse der Medizin sollen aus der Natur selber entspringen. »Aus der Natur kommt die Krankheit, aus der Natur kommt die Arznei und aus dem Arzt nit.« Die Naturtätigkeit selber ist für Paracelsus »Philosophie«, diese ist »nit aus dem Menschen, sondern aus Himmel und Erde, Luft und Wasser.« Der Naturkundige hat diese Philosophie der Natur nachzuvollziehen und zu vollenden, nur insofern ist der ein »philosophus«. Hier begegnen wir einer zentralen Denkfigur des Paracelsus, die in verschiedener Abwandlung immer wiederkehrt: der Arzt kann nur zum Arzt werden, wenn er im *Einklang mit der Natur* handelt: wenn seine (äußere) Tätigkeit mit der (inneren) Naturtätigkeit übereinstimmt. Im Lichte der Natur werden alle Geheimnisse offenbar, nicht im Lichte der scholastischen Medizin, wie sie »Spekulierärzte« und »Humoristen« (d. h. die Anhänger der antiken Säftelehre) vorbringen. »Nichts ist im Leib, das dir nit auswendig genügend aufgezeigt werde.« Die Forschungsrichtung ist damit vorgegeben: vom »äußeren Menschen« ist auf den »inneren« zu schließen. Die Signaturenlehre und die Physiognomik sind diagnostische Methoden, um der verborgenen Natur auf die Spur zu kommen. Denn die Natur »zeichnet« den Menschen. »Es wird bei euch keine Wahrheit gefunden, wenn ihr nit der Figur folgt, welche die Natur gezeichnet hat.« Seine Forderung, »daß aus dem äußeren Arzt der innere geboren werde«, zeigt die Richtung dieses Erkenntnisprozesses an. »Die äußere Philosophie erwächst aus keiner Spekulation, sondern sie erwächst aus dem äußeren Menschen und zeigt und lehrt, was der innere sei.« Sein Wahlspruch gegen die Humoralpathologen lautet: »nichts ist im Leib, daß dir nit auswendig genügend gezeigt werde.«[3]

Im Lichte der Natur handelt derjenige Arzt, der *Außen und Innen des Menschen ineinander verkehren, »wenden«* kann. Wenn er den »äußeren Menschen« erkannt und erfahren hat, soll er »den äußeren in den inneren wenden und den inneren im äußeren erkennen.«

»Impressio«: Die Einwirkung des Himmels

Das Innen und Außen wird nun von Paracelsus verdoppelt in ein Oben und Unten: neben der inneren und äußeren Natur gibt es auch eine »obere« und »untere Sphäre«. Der »philosophus« wächst also »in zween Wegen«: »einer ist im Himmel, der andere in der Erde, das ist aus jedweder Sphäre einer, und ist eine jegliche Sphäre ein halber Anfang, beide ein ganzer Anfang.« So ist der »astronomus« nur der komplementäre »philosophus«. Beide Bereiche verschränken sich: »denn der Saturn ist nicht allein im Himmel, sondern auch im Untersten des Meeres und im Hohlsten der Erde.« Die »astra im Leibe« des Menschen soll der Arzt erkennen, die Anatomie der Sterne im Menschen wissen. Die Gestirne wirken im Menschen durch ihre »impressiones« (d. h. Eindrücke) dermaßen, »wie ein Vater, der sein Kind nach seiner Art und seinem Willen zieht.«[4] Zwei Voraussetzungen müssen erfüllt sein, daß der Himmel im Menschen wirken kann: es muß ein »Fenster« geben, durch das das Gestirn in den menschlichen Körper eingehen kann, und »es muß etwas im Leibe sein, das die Gestirne annimmt, wenn sie in den Leib wirken.« Aus der Anatomie des Himmels die des menschlichen Körpers erschließen: so lautet das Forschungsprogramm. Der Mensch hat die anziehende Kraft des Himmels in sich. »Ist dieses Anziehen vom Himmel aus gesund, ist es gut, wo nicht, ist es Gift.« »Sein sind die arcana«. »Denn da liegen alle operationes und alle Tugenden der Arznei in der Führung des Himmels, je nach dem er sie concordiert und conjugiert« und die Arznei »in dem [Kranken] so, in dem so vollbringt.«

Der Makrokosmos ist der Same, der limbus parentum, aus dem der Mensch entspringt. An ersterem hat der »philosophus« anzusetzen, um zu letzterem vorzustoßen. Entsprechend hat auch seine Heilkunst die »oberen Gestirne« zu beachten: diese sollen die Arznei führen. Die arcana sind »Tugenden und Kräfte..., sind volatila oder Flüchtige und haben keine corpora, und sind chaos und sind clarum, das ist Helle, und sind durchsichtig und sind in der Gewalt des Gestirns.«

»Vulcanus«: Der Alchemist als Vollender der Natur

»Alchimia ist eine Kunst, vulcanus ist der Künstler in ihr«, lesen wir im »Labyrinthus medicorum errantium«.[5] Dieser soll die Natur vollenden. Er hat die Dinge von ihren Schlacken zu befreien. »So ists auch mit der Arznei; die ist geschaffen von Gott, aber nichts bis zum Ende bereitet, sondern in Schlacken verborgen. Jetzt ists dem vulcano befohlen, die Schlacke von der Arznei zu tun«. In seinem »Exempel vom Brot« verdeutlicht Paracelsus den *Prozeß* der Alchemie. Die (makrokosmische) Natur macht die »prima materia« bis zur Ernte, die alchimia »schneidets, mahlts, bäckts, bis zum Maul« (media materia). Dann setzt die »alchimia microcosmi« ein, die das Brot zunächst im Munde hat (prima materia zweiter Ordnung), dann im Magen (media materia), bis es schließlich zu Blut und Fleisch wird (ultima materia). Entsprechend diesem Vollendungsprozeß ist der Apotheker der *Vermittler* zwischen äußerer und innerer Natur. Er entnimmt die Heilpflanze der äußeren Natur (»Apotheke Gottes«), bearbeitet sie, reinigt sie von Schlacken und stellt sie somit für den Kranken (dessen »archeus«) bereit.

Aber auch der Arzt ist Vermittler zwischen Außen und Innen beim Heilungsprozeß: er entnimmt der äußeren Natur die Erkenntnis der Krankheit und die Anweisung zu ihrer Behandlung. Entscheidend jedoch ist hier die Metapher vom »inneren« oder »inwändigen Arzt«, die in der neuzeitlichen Diskussion über die *»Heilkraft der Natur«* (vis medicatrix naturae) bis auf den heutigen Tag immer wieder auftaucht.[6] »Daher wisset, daß ein Arzt vor allem wissen soll, wo die Natur hinaus will. Denn sie ist der erste Arzt, der Mensch ist der zweite. Wo nun die Natur anfängt, da soll der Arzt helfen, daß sie an diesem Orte hinausgehe. Die Natur ist ein besserer Arzt als der Mensch«. Der »auswändige Arzt« hat sich dem »inwändigen« unterzuordnen, auf seine Befehle zu warten. »Der Mensch ist zum Umfallen geboren. Nun hat er zween im Licht der Natur, die ihn aufheben: der inwändige Arzt mit der inwändigen Arznei, die werden mit ihm in der Empfängnis geboren und gegeben... Aber der Arzt, der auswändig ist, fängt erst an, wenn der angeborene erliegt, abgezappelt, ermüdet ist, dann befiehlt er sein Amt dem äußeren.«[7]

So wird die ärztliche Behandlung analog gefaßt wie die Scheidekunst des Alchemisten und die Arzneiherstellung des Apothekers: sie ist eingebettet in einen übergreifenden *Naturprozeß*, in welchem sie nur in einer bestimmten Phase sinnvoll eingesetzt werden kann: als Helfer und Vollender der inneren Natur.

»Tugend«, »Arcana«: Quelle der Heilkraft

Der »Wille Gottes ist das arcanum, das in den natürlichen Dingen ist«, lesen wir in dem hier abgedruckten Text »Vom Sankt Johanniskraut«. »So viele Gebrechen dem Menschen zugeteilt sind, so viele arcana gibt es dagegen... den Willen Gottes, den Gott in die Natur gelegt hat, den soll der Arzt herausnehmen und ihn dahin tun, wo es nottut – dann ist das arcanum offenbart.«

Diese Heilkraft eines natürlichen Dings wird auch seine »Tugend« genannt. So sind die angestrebten Produkte des alchemistischen Scheidungs- und Reinigungsprozesses die »Tugenden und Kräfte« der natürlichen Dinge, die als Mächte gegen die jeweilige Krankheit ins Feld geführt werden.

Der Begriff der Tugend bezieht sich bei Paracelsus nicht nur auf die Arznei (das Heilmittel), sondern auch auf die Person des Arztes. Er umfaßt »Redlichkeit«, »Wahrheit«, »Liebe«, »guten Glauben«,

»Treue«, »Kunst«, »Erfahrenheit«. »Denn die Arkanen sind durch die Klugen aufgegangen.« Die Idee von der »Droge Arzt«, die im Kontext der modernen (psychosomatischen) Medizin populär geworden ist, liegt hier greifbar vor Augen. Der Arzt soll »rein« und »keusch« sein, heißt es im »Buch Paragranum«. Hier wird direkt jene Heilkraft angesprochen, wie sie den gereinigten natürlichen Dingen zukommt. Wie das arcanum das Ergebnis des alchemistischen Reifeprozesses darstellt, so ist der tugendreiche Arzt Ergebnis eines Wachstums- und Bildungsprozesses: »die Art des Leibes soll mit der Art des natürlichen Lichts aufwachsen.«[8] Nur dann kann er – wie ein arcanum – heilen. Gerade in der Ethnomedizin, aber auch in der einheimischen »Paramedizin« spielt der Zusammenhang zwischen dem »keuschen« Lebenswandel des Heilers und dessen Heilkraft eine wichtige Rolle.[9]

Paracelsus kontra Humoralpathologie: zwei Paradigmen der Medizin

Paracelsus richtete seine schärfste Kritik gegen die Anhänger der aus der Antike stammenden Humoralpathologie (»Humoristen«). Zur Verdeutlichung der Unterschiede möchte ich die beiden Ansätze miteinander schematisch vergleichen.

Humoralpathologie[10] (Galen)

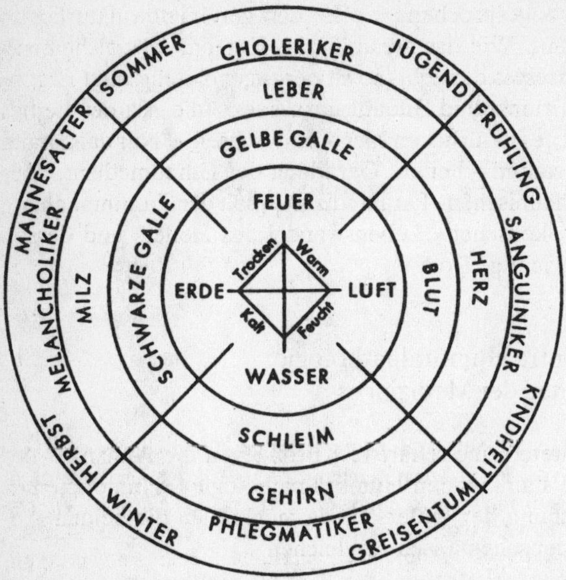

Abb. 1: Die körpereigenen Säfte sind wie die vier Elemente mit je zwei Qualitäten versehen und werden den vier wichtigsten Organen zugeordnet. Die ausgewogene Mischung der Körpersäfte (eukrasia) bestimmt den gesunden, die falsche Mischung (dyskrasia) den kranken Zustand.

Die diätetische und medikamentöse Therapie zielt darauf ab, die wohltemperierte Körperverfassung nach dem Grundsatz *contraria contrariis* (Gegensätzliches mit Gegensätzlichem) wieder herzustellen. Gegen eine »trockene« Krankheit (z. B. Lungenentzündung) war somit eine feuchtmachende Diät angezeigt (z. B. Gerstenschrottrank). Eine große Rolle spielten die allgemein-ableitenden Maßnahmen, die zu einer Reinigung der Körpersäfte führen sollten: Brechen, Schwitzen, Abführen und vor allem Aderlaß.

Naturphilosophie[11] (Paracelsus)

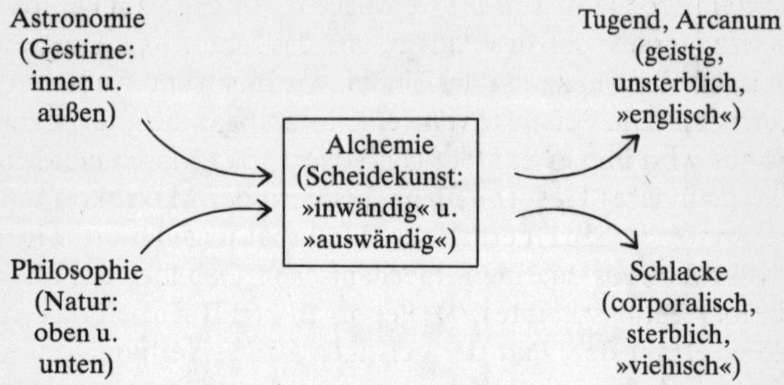

Abb. 2: Die Naturforschung und -bearbeitung im »Lichte der Natur« verläuft *prozeßhaft*, von den äußeren Zeichen zu den verborgenen Geheimnissen. Die daraus gewonnene Erkenntnis der verborgenen Natur ist Voraussetzung für eine wirkungsvolle Therapie. Der »auswändige« Arzt kommt dem »inwändigen« zu Hilfe, knüpft an seinen Heilbestrebungen an und vollendet sie nach dem Vorbilde der Alchemie. Die natürlichen »Tugenden und Kräfte«, die »arcana«, werden durch die ärztliche Kunst auf den Kranken übertragen. Somit ist der therapeutische Leitsatz: *das für die spezifische Krankheit eines Menschen wirksame arcanum aus den natürlichen Dingen herauszuziehen*, eine bestimmte geistige (»himmlische«) Heilkraft freizusetzen.

Das Menschenbild des Paracelsus kreist um den Begriff des Mikrokosmos. Der forschende *Blick nach draußen* in den Makrokosmos, das Lesen seiner Zeichen, wird zum *Einblick in den Mikrokosmos*. Die offenbare Natur soll die verborgene, okkulte zutage fördern. Dies setzt voraus, daß das Äußere und das Innere »*ein* Ding« sind.

Im Laufe der Neuzeit ist die Einheit von Innen und Außen endgültig zerrissen. Die Perspektiven verselbständigen sich, der Einzelorganismus wird immer eindeutiger isoliert. Der Maschinen-Mensch hat kein »inneres Gestirn« mehr. Insofern der Makrokosmos zum toten physikalischen Überbau bzw. Unterbau degeneriert, wird auch der Mikrokosmos zu einem mechanischen Gebilde, das allenfalls noch über ein bestimmtes »Seelenorgan« (z. B Zirbeldrüse, Hirnhöhle etc.) mit der Welt der geistigen Kräfte verbunden ist. Der »archeus« (als der »inwändige« Arzt bzw. Apotheker) ist kein natürlicher Verbündeter mehr.

Mit dem Mesmerismus Ende des 18. Jahrhunderts blüht noch einmal der Mikrokosmos-Makrokosmos-Gedanke auf, entsteht mit der Mesmerschen Fluidum-Theorie, dem »thierischen Magnetismus«, noch einmal ein Analogon zum Paracelsischen Arcanum-Gedanken. Doch diese kosmologische Begründung des populärsten Heilsystems im aufgeklärten »elektronischen Zeitalter« wird bald wieder zugunsten einer »romantischen« Interpretation des »Somnambulismus« verworfen. Zwar steht auch hierbei die Enträtselung der »Hieroglyphensprache der Natur«[12] auf dem Programm, aber der Zusammenhalt von Innen und Außen, Oben und Unten hat sich in die verschiedenen Wissenschaften endgültig aufgelöst. So ist die romantische Naturphilosophie mit ihrem Einheitsgedanken ein letztes Aufbäumen gegen den Siegeszug der »naturwissenschaftlichen Medizin«, die sich von nun an auf die analytischen Grundlagen der Physik, Chemie und Biologie bezieht.

Im Kontext der *Naturheilbewegung* des 19. Jahrhunderts hat Paracelsus freilich eine Renaissance erlebt, die bis heute unvermindert anhält. Galt er doch gerade den »Naturärzten« als Garant für eine naturgemäße Heilweise im Sinne der »Erfahrungsheilkunde« – was nur teilweise zutrifft, wie wir heute wissen.[13] Denn Paracelsus war ja gerade das Gegenteil eines abwartenden Therapeuten, der alleine der Selbstheilungskraft des Organismus vertraut hätte! Der Einsatz von künstlich hergestellten Arzneimitteln steht im Zentrum seiner Heilkunde. Gleichwohl gilt er heute als eine Symbolfigur der »Paramedizin« und wird dort von verschiedenen Heilsystemen in Anspruch genommen. So ist er immer wieder als Vordenker der Homöopathie und der Anthroposophie dargestellt worden. In jüngster Zeit findet er auch Beachtung bei Anhängern der »Geistheilung«, die ihre religiöse (spiritualistische) Weltanschauung durch Paracelsus bestätigt sehen möchten.

In der »Schulmedizin« spielt Paracelsus – abgesehen von peripheren Anspielungen auf bestimmte Bruchstücke aus seinem Werk – keine Rolle mehr. Sein medizinisches Weltbild erscheint im Kern obsolet. Allenfalls in der modernen medizinischen Psychologie, insbesondere der Psychoanalyse, leben gewisse Reminiszenzen an die naturphilosophische Tradition weiter. Dennoch sind die verborgene Natur nicht mit dem »Unbewußten«, die Alchemie nicht mit der psychologischen »Selbstfindung«, die »Gestirne im Menschen« nicht mit dem Solarplexus gleichzusetzen. Auch die übrige moderne Medizin ist mit Paracelsus inkommensurabel. Makrokosmos ist eben nicht »Umwelt«, die himmlischen Einwirkungen sind keine »Risikofaktoren«, der »Placebo-Effekt« (Droge Arzt) ist keine »Tugend«, die Geschäfte der Pharmazie sind keine Vollendung der Natur im Sinne der Alchemie. Wenn heute von »Ganzheitsmedizin« (der Mensch als somato-psycho-soziales Additionswesen) gesprochen wird, so ist damit nicht der »ganze Mensch« im Sinne des Paracelsus gemeint. Diesen radikalen historischen Umbruch, diese »Umwertung aller Werte« (Nietzsche), müssen wir anerkennen, wenn wir Paracelsus ernsthaft lesen wollen. Dann aber wird die Lektüre seiner Texte zu einem Abenteuer.

Anmerkungen

1 Vgl. W. Pagel: Das medizinische Weltbild des Paracelsus. Seine Zusammenhänge mit Neuplatonismus und Gnosis. Wiesbaden 1962, S. 29f.

2 Vgl. das »Buch Paragranum« in: Theophrastus Paracelsus Werke, besorgt von W.-E. Peuckert [= Werke], Bd. 1, Darmstadt 1976, S. 495–584.

3 Werke, Bd. 3, S. 507.

4 Vgl. Werke, Bd. 1, S. 530.

5 Vgl. Werke, Bd. 2, S. 440–495.

6 Vgl. H. Schott: Natura sanat – die Heilkraft der Natur im Spiegel der Geschichte. In: universitas *42* (1987), S. 459–470.

7 Vgl. Werke, Bd. 2, S. 474.

8 Vgl. Werke, Bd. 1, S. 575.

9 Vgl. F. Kudlien: Keuschheit und Heilkraft. In: Clio Medica *19* (1984), S. 94–110.

10 Das Schema wurde entnommen aus E. Seidler: Geschichte der Pflege des kranken Menschen. 4. Aufl. Stuttgart 1977, S. 41. Vgl. hierzu auch K. E. Rothschuh: Konzepte der Medizin in Vergangenheit und Gegenwart. Stuttgart 1978.

11 Schema des Autors.

12 Vgl. G. H. Schubert: Die Symbolik des Traumes (1814). Heidelberg 1968.

13 Vgl. K. E. Rothschuh: Naturheilbewegung – Reformbewegung – Alternativbewegung. Stuttgart 1983, S. 50.